认同

刘辉 著

北京出版集团
北京出版社

图书在版编目（CIP）数据

认同 / 刘辉著. — 北京 : 北京出版社，2024. 9
ISBN 978-7-200-18606-2

Ⅰ. ①认… Ⅱ. ①刘… Ⅲ. ①心理交往—通俗读物
Ⅳ. ①C912. 11-49

中国国家版本馆 CIP 数据核字(2024)第 044038 号

认同
RENTONG
刘辉 著
*
北京出版集团
北京出版社 出版
（北京北三环中路 6 号）
邮政编码：100120
网址：www . bph . com . cn
北京伦洋图书出版有限公司总发行
河北鑫玉鸿程印刷有限公司印刷
*
880 毫米×1230 毫米 32 开本 8 印张 150 千字
2024 年 9 月第 1 版 2024 年 9 月第 1 次印刷
ISBN 978-7-200-18606-2
定价：66. 00 元

序一　识己　正心　达人

刘明忠

中国企业改革与发展研究会副会长

《认同》是刘辉先生关于认同理论的又一集大成之作，细细读来，如春风拂面，言之有味，意在言外，理在其中。认同深植于中华民族文化沃土之中，体现了中华文明的智慧结晶。

《认同》一书系统地提出了身体、大脑和心灵统一三要素，制度、结构和价值理念协调三要素，文化、政治、经济的延展三要素，在纷繁复杂的世界中，形成了实现自我认同、组织认同和社会认同辩证统一的教科书式的理论体系，是历史自信、文化自信，古为今用、推陈出新的理论探索和实践成果。

认同是中华优秀传统文化的最鲜明特征，追求认同是我们所有社会实践的落脚点和驱动力。上下五千年，中华优秀传统文化源远流长、博大精深，认同贯穿其中，在中国人民长期的生产生活中发挥了不可替代的重要作用，成为统一的价值观和道德观。

认同理论已经成为跨学科的规律性认识，被广泛用于心理学、社会学、政治学、教育学、人才学等，对推进人们自身发展和社会进步有着积极作用和深远影响。认同理论已经成为建立共同理念和信仰的有效途径，在全社会构建起追求真理、揭示真理、笃行真理的认同体系。

文化兴国运兴，文化强民族强。进入新时代以来，习近平总书记高度重视文化建设，习近平文化思想成为新时代中国特色社会主义文化建设的指导思想和行动指南。认同理论深刻地认识到文化是认同的根基，充分体现了中华民族的文化自信和文化自觉。《认同》由内而外，由己达人，由组织到社会，用通俗的语言、生动的案例阐释了“最深沉的力量”，全面系统地阐述了从自发本能到科学理性的认同过程。认同理论指导我们在自我认同中实现平和、在组织认同中实现价值、在社会认同中找到方向，引导我们自我叩问、自我提升，努力在坚定理想、克制欲望中寻找自我、本我、超我，为开辟心灵世界，涵养奋进精神，与社会同频共振，提供了良好范例。

不患人之不己知，患不知人也。当今，人人都是奋斗者，人人都能出彩，我们在追求认同的同时，更要学会尊重别人，努力知己，放大与他人、组织、社会的价值契合点和最大公约数，一起携手，同心奔未来。实践没有止境，理论创新也没有止境。作者在《认同》一书中展现的科学精神和严谨态度令人心折首肯。期待新作，以飨读者！

序二　从认知到认同的路有多长？

周忠科
中国领导科学研究会副会长
国家能源集团党校副校长
国家能源集团领导力建设和人才评价中心主任

习近平总书记强调，“不断增进对党的创新理论的政治认同、思想认同、理论认同、情感认同”。党员干部只有不断增进“四个认同”，才能成为政治上的“明白人”、思想上的“信仰者”、理论上的“清醒者”、人民群众的“贴心人”。那么，到底什么是认同？

“你永远赚不到认知以外的钱。”很多人都说过这句话。从牙牙学语到读小学、中学、大学，再到在社会上与形形色色的人打交道，人生路漫漫，我们不断提升着自己的认知能力。在不断充盈的认知面前，我总觉得缺点什么，认知是我们的终极吗？认知了解世界，认同唤醒人生，从认知到认同的路有多长？看完刘辉博士的《认同》一书，我仿若找到了答案。

个人成长需要社会认同。知乎上有一个问题：被人认可是一种怎样的体验？人这一生，无非追求两件事，第一是他人认同，第二是自我成就。从“士为知己者死，女为悦己者容”，到“千金易得，知音难求”，人终其一生都在为世界塑造自我，寻求这个世界的认同。

绝大多数人，从孩童起，终其一生，都努力活在他人的认同里。不被认同的孩子心里到底有多苦，我们小时候都有过类似的经历。小时候渴望父母的认同，考个好分数，总是第一时间告诉父母。在学校我们渴望老师的认同，甚至不惜恶作剧，以获得大家的关注。工作以后我们需要认同，马斯洛需要层次论告诉我们，人最高层次的需要是自我实现需要，自我实现就需要认同。

人生幸福需要自我认同，在刘辉博士的《认同》里，有很多关于幸福的思考和探索。在这个浮躁的社会中，我们往往被物质和功利所驱使，追求名利和金钱，却忽视了内心真正的渴望。每个人都有难言的痛苦，不是所有人都懂你的苦衷，没有谁能真的为你做什么，只有你才知道，自己有多少委屈。用积极的心态对待世界，是为了塑造一个积极的世界。自我认同是一切认同的基础，套用一句比较俗的话：你自己都不认同你自己，你还指望谁来认同你。

“我是谁，我从哪里来，我要到哪里去”这是哲学上的基本问题，探讨的是人的本质、起源和终极目的。从长远来讲，我们都会走向死亡，这是生命的本质所决定的。既然结局是已知的，那过程中为什么不选择乐观，选择自我认同、自我和解？正如书里所言：“舒缓一下自己内心的压力，感受一下去掉枷锁的轻松。那应该是一种久违的轻松，一种对生活的新的认识。”

要学会建立认同，认同是既能接受自己，也能接受别人，是一种自我和环境的统一，是一种更加广义的归属感。刘辉博士跳出传统的哲学和道德思考，从科学、生活、现实的角度去探索认同的价值，提出了认同的十个要点，无疑具有更加广泛的意义，给了大家更多的参考和借鉴。

怎么建立认同？书中有言，每个人都有身、脑、心三个部分，三者越是统一，就越能够把自己的动力和能力结合起来，就越具有竞争力和执行力。最后，引用书中的两句话送给大家：“放下自己手中的刀，对自己好一点，在变幻莫测的环境中让自己舒畅一些。余生并不长，愿大家不做自己的囚徒，轻松前行。”

目　录

前言：面对那些难以解决的问题

我们经常讲，先发现问题后解决问题，现实却往往不是那么简单。通常情况下，有些问题之所以得不到解决，是因为没有人把它们当作问题。譬如说，很多人都有的心理健康问题，因为本人没有把这个当作问题，所以错过了解决问题的窗口期。还有就是有些问题虽然被发现了，但是却没有很好的解决方法。譬如说文化冲突问题，明明大家都知道为什么会有冲突，也想解决，但是却没有很好的办法。认同的价值就在于能够求同存异，在难以解决的问题上找到一条和谐之道。

我以“认同”为主题进行研究快二十年了。2017年,《认同理论》出版以后，有位朋友和我开玩笑说,《认同理论》一直是他的枕边书，失眠的时候，看几页就能睡着。我知道他这是在暗示这本书太学术性了，读起来不够通俗易懂。基于这个前提，在多丽和丁丁的帮助下，2018年“认同书院”微信公众号开通了。

创建认同书院的初衷很简单，就是用通俗的语言来解读有关认同的社会话题，以弥补《认同理论》过于学术性的不足。

一转眼六年时间过去了，认同书院的“小作文”已经有四百多篇，一百多万字了。没想到这么一个冷僻的话题，一年竟然有几十万甚至上百万的阅读量。在短视频风行的今天，能够沉下心来读文字的人越来越少了。近两年很多院友提议，书院选取一部分内容结集出版，这样可以使更多的人理解认同，认识认同书院。

俗话说：独乐乐，不如众乐乐。在各位院友的鼓励下，书院选取了近六十篇文章，希望从不同的角度分享一下对认同的认识。出版一本书，说起来容易做起来难。把六年时间里写的零零碎碎的文章组合成一个整体，难度不亚于写一本新书。在过去两年时间里，书稿更改了数次，四百多篇文章很难取舍，更难找到最佳的排列组合方式。好在书院的小伙伴和北京出版集团的编辑们都很有耐心，一直没有放弃，这也使我最终不得不停下别的工作，先把这本书稿用心完成。

哪些文章能够入选？首先要从自己研究认同的初心出发。从宏观的角度来看，这个世界上太多的问题缘于认同的缺失，这种缺失轻则导致社会失去秩序，重则使世界失去和平。从个人层面来看，缺乏认同会降低人的幸福感。很多人功成名就，但是却并不感觉幸福，这是对自我生活状态的不认同；很多人远离故土发展，但既不能扎根异乡，也难以回归故乡，这是对异乡风俗文化的不认同；还有一些人夫妻失和、兄弟反目，这是对相互关系和利益的不认同。

认同产生的原因首先是人和人之间的不同。人类世界丰富多彩，有着不同的发展阶段和文化传承，因此不同的国家或群体也就有着不同的规则。虽然人们很早就懂得相互之间要求同存异，要追求真、善、美，但是囿于生产力水平，往往会用强权或是战争来代替认同。

在现代社会，人们吸取了历史教训，明白依靠暴行得到的臣服是不会长久的，暴行一开始伤害的是别人，最终反噬的是自己或子孙后代。认同理论不相信暴行，而是认为要建立人和人之间发于心、见于行的和谐关系。

明确了研究认同的初心，接下来就要回答什么是认同的问题。

人的动机是复杂的，一个人做出决策的时候，往往会有多种原因。当陈胜、吴广决定在大泽乡起义的时候，得到了大多数人的支持。这些人虽然一起起义，但并不代表他们的想法是一样的。有的人是因为队伍逾期不能到达，不管是否起义都要被处死；有的人是因为看到鱼肚子里“陈胜王”的“预言”，相信起义是上天的安排；有的人是相信了陈胜“王侯将相宁有种乎!”的口号。不管出于什么原因，一旦这些人决定一起起义，他们就有了共同的目标，就能求同存异，在一定条件下实现相互之间的认同。

如果陈胜、吴广要求追随者一定要有统一的动机，那他们可能会丧失很多追随者，很多追随者也可能会被迫说假话。认同并不是完全相同，而是在不同的基础上找到共同之处，形成一定目标下的联结，这就是认同的起点。

可是不管出于什么目的，如果一个人被激发出善念，他就会用友好的方式待人接物，能够和其他人形成一个整体；如果一个人被激发出恶念，他就会产生不满和对抗，难以和周围的人形成一个整体，甚至采取偏激的行为，造成恶劣的后果。我们提升认同的目的就是尽可能激发人的善念，抑制人的恶念。

在建立人和人之间的认同之前，我们必须先形成自我认同。如果自己都存在矛盾的思想、不良的情绪，是很难和其他人建立认同的。在建立自我认同之前，必须做一个基本假设：人分成三个部分，有三个不同的运行体系——身体、大脑和心灵。人首先由身体的“一”，进化出心灵的“二”，身心相互作用产生了大脑的“三”。正如《道德经》所言：道生一，一生二，二生三，三生万物。身心之间的相互作用，促进了思维的发展，最终形成一个复杂而和谐的人。

自我认同

组织认同

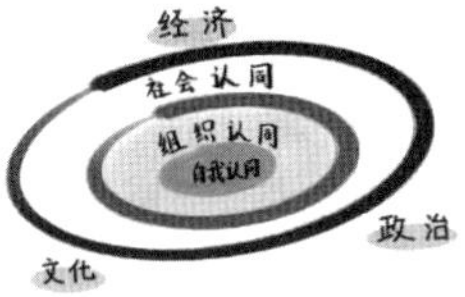

社会认同

自我认同需要行为、思维、意愿三者保持统一，能够形成身、脑、心的内在循环。大多数时候，人的身体的生理需求、大脑的理性思维和心灵的内在追求并不一致，三者之间也需要形成认同。如果一个人的行为、思维和意愿总是处于一种矛盾的状态，他就很难平衡自己，从而获得幸福感。

人不是生活在真空里的，会受到外部环境的制约。这些制约有的来自强制性的制度，用于规范和影响人们的行为；有的来自柔性的价值理念，用于拉动和牵引人们的意愿。同时每个人还有自己所处的结构，它影响人们形成自己的思维。制度、结构和价值理念构成了组织认同，形成了一个更高层次的组织循环系统。在此之上还有一个社会循环系统，构成了社会认同。自我认同、组织认同和社会认同构成了认同的整体体系。限于篇幅的原因，本书将重点放在自我认同层面，不过适当地了解组织认同和社会认同也是必要的，毕竟在人类社会，每个人的命运都是和社会密切相关的。皮之不存，毛将焉附?

人类一代又一代的进化，在推动社会发展的同时，也引发了代际冲突，产生代沟。之所以产生代沟，就是因为传统的思想和机制还没有退场，新的思维和潮流已经来临。人总是在挑战上一代的顽固中成长，却又在蔑视下一代的轻浮中老去。人类历史上从来没有哪个时代的代沟像今天这样大，这是现代科技的力量。人工智能、生物医药、宇宙探索，科技的发展正在突破人类进化的极限，实现人和“超人”之间的进化。

时代正在重构世界，也在重构人和人之间的关系。作为手工业者的父亲难以认同工业化时代的儿子，更难以认同智能化时代的孙子。孙子是迷惘的，儿子是焦虑的，老子是悲哀的。新一代人似乎已经不再追求物质的生产，也不在意物质的消费，有些人甚至可以生活在虚拟的世界中。

旧的生产和消费模式正在瓦解，新的模式正在生成，有人在等待风口，有人在打探口风。新一代人在模式的转换中兴奋、焦虑、迷惘、躺平，总有一种姿势去融入其中。从身体的进化演变成思想的进化，从物质的存在演变成精神的存在。现实变得越来越虚拟，虚拟也变得越来越现实。这使人们不得不去思考一个问题：人类将要进化到哪里去？

梁济曾问儿子梁漱溟：“这个世界会好吗？”梁漱溟回答说：“我相信世界是一天一天往好里去的。”（萨苏主编：《史客·一脉》，金城出版社2012年版，第64页）百余年的历史证明梁漱溟是对的，但是仅仅相信“世界是一天一天往好里去的”是不够的，还需要行动。每一天都是新的，但是每一天都会有白天和黑夜，阳光不会永远照耀大地。

人类在进化，不但进化出了思想和科技，还进化出了高低贵贱。人与人之间的不平等，使人们难以应对越来越不确定的外部环境，相互对抗将人类推到了悬崖之上。全球治理的裂痕和价值理念的不认同，影响着科技、文化等多方面的合作，重创了全球的产业链、创新链和供应链等。

如果老年人信奉我死后哪管洪水滔天，年轻人信奉天塌下来有个子高的顶着，富人信奉一切都是我应该得到的，穷人信奉大事应该由食肉者谋之，看上去人人都有道理，人人都活在当下，那么世界将会像一个孤儿，无法预测未来之命运。

每一天都是新的，每一天都在书写着新的人类历史。人生不满百，常怀千岁忧。活在这个世界上的人，无论男女老幼、贫富贵贱，都承担着人类未来的责任。虽然每个人都有自己的喜怒哀乐、悲欢离合，但为了子孙后代还能迎来这个世界新的一天，我们要建立起整体的认同，把握好当下的每一天。

第一章

什么是认同

一个人要想活得有目标、有价值、有意义，离不开对自我的认同。在不同的文化背景和成长环境下，人会产生不同的自我定位和归属感。人短期内可能受利益的影响大一些，但是长期来看受认同的影响更大。

若一个人能够实现自我认同，会对社会产生积极的意义，促使更多的人实现自我认同。有的文化强调个人自我认同，有的文化强调集体认同。不管认同的重点在哪里，相互之间实现认同是人类生存的必由之路。

认同不是可有可无的，对个人、社会乃至世界都是至关重要的。当今世界的矛盾有些缘于利益争夺，但更多是因为文化、理念和价值不认同。只有相互之间实现认同，才会有更多的协同，去克服人类面临的危机。

什么是认同？

我们经常说到认同，到底什么是认同呢？认同原意是认可、承认，在心理学上是指一种对自我身份的归属感。在认同理论看来，认同是一个人由内到外树立的整体意识，是一种自我和环境的统一，是一种更加广义的归属感。

认同的根本是三分法，人是由身体、大脑和心灵三个部分组成的。大多数情况下，这三者并不完全一致，它们之间既有合作，又有冲突。只有当它们一致时，我们才能感觉到自身和谐，即实现自我认同。

一个人生存，既有身体上的基本生理需求，也有大脑对利益得失的计算，更有内心对自我实现的需求。这些相互交织，丰富我们生活的同时，也形成了内在的矛盾。

认同的前提是要意识到人体内存在三个不同的自我。当遇到外部压力和挑战时，内在的三个自我首先要达成共识，否则不用别人动手，内耗就会打败我们自己。认同之所以重要，是因为现实和梦想很难达成一致。到底是选择眼前的苟且，还是诗和远方，需要依靠第三者思维进行平衡和调节。

反复训练自己，最终感受到三个不同的自我，厘清行为的做法、思维的想法和意愿的目标之间的关系，是实现认同的基础。如果这一步没有达成，后面再努力也只能停留在理论层面。若身体的行为、大脑的思维和心灵的意愿能够形成内在循环，我们自然就会强大起来。外界很难打败一个实现了行为、思维、意愿统一的人，但是一个内在矛盾的人很容易打败。

在马斯洛看来，人类的需要是有层次的，从最低层次的生理需要到安全需要、社交需要（人的“归属与爱”）、尊重需要到最高层次的自我实现需要，这些需要是按照身体、大脑和心灵由低到高排列的，是相互依存的。我们看到，身体的生理需要是心灵的自我实现需要的支撑。反过来说，低层次的生理需要也可能成为高层次的自我实现需要的障碍。之所以会出现这样的情况，就是因为每一个人的身体、大脑和心灵既是一个整体，又是分离的。

相比较而言，大多数人的童年是快乐的。这是因为儿童时期的需求相对简单一些。随着年龄增长，人的内在需求会变得更加丰富，需求之间的矛盾也随之增加。在青年、中年和晚年三个阶段，中年对人的自我认同挑战最大。人在中年不像年轻时那么无忧无虑，也不像晚年那么无欲无求，而是处于各种需求交汇的时期。这个阶段人不但面临自我认同的问题，还要处理好和组织、社会之间的认同。如果失去认同，不但会影响到自己和外界的关系，甚至会影响到自我定义和价值观的构建。

本来一个人的日子过得挺好的，结果因为孩子要上学，老人要看病，买房要用钱，就变得不淡定了。当社会治理的问题投射到个人身上，宏观的问题就变得现实而具体了，更何况个人还要接受组织的各种指标的考核，处理各种复杂的社会关系。

现代社会运行的整体性、系统性越来越强，个人很难置身事外，只有实现认同，迎难而上，才是根本的出路。

认同的源起

我们所说的认同，它的基础在于人本身，也就是说认同是人类特有的一种现象和能力。我们所在的世界可以分为两个部分，一部分是物质世界，一部分是概念世界。物质世界是客观存在的，概念世界却是因为有人类才存在的，是人类精神世界的产物。如果人类不存在了，一切就都回复到了物质世界本身。

认同无疑是概念世界的一部分，是人类认识自身和连接社会过程中的产物。说到认同，首先要以“同”为起点，如果没有“同”作为基础，也就谈不上认同。认同的“同”指的是什么呢？这个“同”指的是人本身相同，即人和人在根本上是相同的，人本身没有高低贵贱之分，享有相同的权利。这个权利是由人的存在所决定的，只要一个人存在这个世界上，他就应该享有人的权利。

在现代社会，人们享有相同的权利似乎是一个常识，大家都已经习惯把“人人平等”挂在嘴边。事实上，人类接受“平等”这个概念，经历了一个漫长的过程。中国有一个女娲造人的神话故事，说女娲刚开始是认真地捏泥人，到了后来拿柳条在泥浆里面蘸一下，然后往四面八方甩，泥点儿落在地上，就成了各种各样的人。女娲认真捏的泥人成了富贵者，那些甩出来的泥点儿变成了贫贱者。这个故事不但说明了人类的来源，而且明确了人是有差别的，有些人生下来就是富贵的，有些人生下来就是贫贱的。

现代人越来越认识到平等的重要性。《中华人民共和国宪法》第三十三条规定：“中华人民共和国公民在法律面前一律平等。”1776年，美国《独立宣言》提出：“我们认为下述真理是不言而喻的：人生而平等，造物主赋予了他们若干不可剥夺的权利，其中包括生命权、自由权和追求幸福的权利。”（［美］大卫·阿米蒂奇著，孙岳译：《独立宣言：一种全球史》，商务印书馆2014年版，第104页）1789年，法国《人权与公民权宣言》提出“人们生来并且始终是自由的，在权利上是平等的”［法学教材编辑部、《外国法制史》编写组：《外国法制史资料选编》（下册），北京大学出版社1982年版，第525页］。

认同有了“同”作为基础，接下来我们还要接受一个现实，就是人本身是不同的。

从外形上看，每个人的高矮胖瘦是不同的；从成长环境来看，每个人的家庭和生活经历是不同的；从价值观来看，每个人对世界的认知是不同的。有的人认为世界是美好的，有的人认为世界是残酷的，这就是人思维模式上的不同。还有一种不同，有的人有远大的志向，要征服世界，也有的人知足常乐，不为五斗米折腰，这是精神追求上的不同。

费孝通在《乡土中国》中写道：“西洋的社会有些象我们在田里捆柴，几根稻草束成一把，几把束成一扎，几扎束成一捆，几捆束成一挑。每一根柴在整个挑里都属于一定的捆、扎、把。每一根柴也可以找到同把、同扎、同捆的柴，分扎得清楚不会乱的。在社会，这些单位就是团体。”“我们的社会结构本身和西洋的格局不相同的，我们的格局不是一捆一捆扎清楚的柴，而是好象把一块石头丢在水面上所发生的一圈圈推出去的波纹。每个人都是他社会影响所推出去的圈子的中心。被圈子的波纹所推及的就发生联系。每个人在某一时间某一地点所动用的圈子是不一定相同的。”（费孝通:《乡土中国》，生活·读书·新知三联书店1985年版，第22—23页）。不管是一捆捆柴，还是一圈圈波纹，他们的行为、思维、意愿都是不同的。

无论是身体、大脑还是心灵，人和人之间的不同是客观存在的。一个人是三元化存在的，身体是第一元，心灵是第二元，大脑是第三元。一生二，二生三，三生万物，这些不同构成了形形色色的人，构成了一个完整而多样的世界。

正因为人和人是不同的，我们才更需要认同，通过认同去接受这些不同。俗语说:“家有千口，主事一人。”如果大家都没大没小，就失去了秩序。在一个差序格局里，如果没有认同，就无法形成统一的认识，也就缺乏一致的行动。建立认同，既要接受人和人之间的“同”，又要弥补人与人之间的“不同”。认同不是相同，而是求同，通过承认相互之间的不同来形成整体的联结。一旦形成了整体的联结，我们就可以解决因为不同而产生的差异，达成更高层次的合作。

在认同的道路上，我们沿着相同（人人平等）—不同（身体、大脑和心灵的差异）—求同（找到适合自己的定位）—存异（接受由于定位不同带来的差异）—认同（形成一个和谐的整体）这样的路径前进。认同绝不是一刀切，干和不干一个样，能力高低一个样，而是选贤任能，实现能力、权利和收益的对等。现实社会中往往是忽略了人和人之间的不同，片面地要求人和人相同，“不患寡而患不均，不患贫而患不安”，这种绝对相同的要求会导致人和人之间的冲突，导致整个组织效率下降。

在当前的环境下，口头上强调人人平等易，强调人和人不同难，认同的关键是承认个体之间的不同；实际上却相反，人和人不同落实得很好，实现人人平等却很难。一边强调职业平等，一边却存在职业歧视；明明职业不同，却要求收入平等……这些现象并不少见。

人人平等是人格上的平等，权利上的平等，过程中的平等；人和人不同，是能力上的不同，投入上的不同，结果上的不同。认同是权利和能力的统一，致力于弥补权利和能力之间的分歧。如果将权利上的平等等同于经济上的“均贫富”，就会走“吃大锅饭”的旧路，丧失社会发展的动力。如果将经济上的贫富差距等同于权利上的不平等，就会损害社会的和谐稳定。认同的价值在于把各种平等和不同真实地显现出来，在阳光下接受所有人的检验。

认同的文化根基

什么是文化？文化就是渗透在人骨髓里面无师自通的东西。中国文化旺盛的生命力体现在兼容并蓄上，很多年前就有人把儒、释、道三家的思想融合在了一起。在这种融合中，人们接受了儒家的关系、释家的放下和道家的自然。一个人对这三者认知越深刻，就越能理解传统文化的脉络，获得更多的文化认同。

在儒家文化里面，一个人可以是别人的儿子、丈夫、父亲、老师、徒弟，甚至是表姐夫家二舅母的三姨夫，就是不能是他自己。我们虽然被各种关系所困，但是却离不开关系。离开了关系，人可能就不知道自己是谁了。一个人小的时候别人会介绍这是某某家的公子，长大了别人会介绍这是某某人的尊翁，即所谓“三十年前子看父，三十年后父看子”。

在儒家“爱有差等”的思想中，每个人都是一个同心圆，最里面是自己，往外是自己的亲人，再往外是自己的好友，再往外是自己的校友、老乡等有一定社会关联的人，往外就会根据不同的场景来划分亲疏远近。譬如自己准备乘车，那就和一同等车的人关系近了；如果自己坐到了车上，那就和车外面的人关系远了，而和车里面的人关系近了。

老子云："我有三宝，持而保之：一曰慈，二曰俭，三曰不敢为天下先。"什么是慈？是一种对天下万物平等的人文关怀，不是将人分成三六九等。什么是俭？是不过分地消耗，不因自身欲望加重自然的负担。什么是不敢为天下先？是谦逊的品格，不是凌驾于别人之上的骄奢。我认为和儒家的关系相比较，道家的自然更符合社会发展的规律。

和儒家的登堂入室相比，道家寂寞了很多，道家不是活在世俗里，它活在人心里面。即使没有读过道家经典，人们也能用道家思想平衡自己。

有一位主持人问一个流浪汉："你这样活着有什么意思？"流浪汉很激动地说："你怎么能问出这样的话来，我不活着难道去死吗？"流浪汉的这句话很符合道家的思想，哪怕是蝼蚁，也有权利活着，活着就是意义。那些一定要把别人的生死看出意义来的人，恰恰是不懂得道法自然的人。

很多人一生中除了得失其他的都能看破，释家就是来帮助大家看破得失的。如果说儒家是一位老师，教大家去争去夺，那么道家就是一个朋友，告诉你一切都不是争来的、夺来的，而是自然得到的。和儒家、道家都不一样，释家就像一位心理医生，教大家放下，参透成败得失。无论是权力，还是财富，甚至是名望，最终都要放下。如果放下得早一些，痛苦就会少一些；如果一直放不下，就会失去更多，徒增痛苦。

多一些外物，就少一些自己。人为财死，鸟为食亡。很多时候人们得到了外物，却失去了自己。同儒家的积极进取、道家的理性平衡相比，释家的放下更加困难。不管儒家有多么高不可攀的关系，最终释家都会教你放下，这就是道家所说的自然。

文化基因是渗透在每个人的行藏之中的。消弭不同还是盲目趋同？放弃还是坚持？唯有真实地面对，求同存异，认真学习认同的理念，方能顺应自然，看淡得失，成就人生。

“关系”对认同的影响

相比“自然”和“放下”，我们每个人在现实生活中遇到的更多的是“关系”。为了更好地理解和实现认同，我们深入地探讨一下“关系”。

人这辈子“有求皆苦，无欲则刚”，如果不是遇到困难，谁都不愿意低三下四地去求人。但是如果“关系”特别盛行，似乎大家也没有别的选择。

比如表姐家的孩子在幼儿园工作，想要跳槽去一所离自己家近的幼儿园，通过了笔试和面试，被录取了。当她去办手续的时候，发现这两所幼儿园虽然在一个城市，但是分属不同的行政区，因为行政区间的人事关系没有理顺，经过一番折腾，最终还是无功而返。

上面的例子或许是大家经常遇到的一种现象，给人带来很大的困扰。有人认为无论在什么行业，一旦要在自己所从事的行业外干点儿什么，首先要做的就是找关系，这种观点是不正确的。

在传统社会，大家的活动范围比较小，行业领域相对比较少，找关系的压力相对小一点。随着社会的发展，上学、看病、办各种手续成为生活的常态。如果要说什么会影响我们自身和社会的认同度，降低我们的生活质量，“关系”可能是一个重要的因素。

无论是上学还是看病，大家都希望有完善的制度和流程，每个人只需要按照制度和流程来，这样就节省了大量的时间和精力。

“关系”更像是一种文化现象。从制度建设的角度来看，我们的规则是清晰的，但是在具体执行过程中太有弹性了。从认同的角度看，我们不是没有美好的价值理念，也不是没有严格的制度，欠缺的是理念和制度之间的衔接。

在很多需要找关系的事情里面，我们自己也有责任。有的人是为了满足公平的需要，但也有人是为了满足不公平的需要。譬如很多希望升职的人，到了职务调整的时候会找关系，希望能获得领导的认可。这种找关系源于两种心理：一种是别人都找关系，我不找就吃亏了；另一种是我不能和别人一样，应该搞点特殊。其实这两种心理都有一些问题。

我们都希望建立完善的制度，但是不找关系就会吃亏的思想恰恰破坏了制度的严肃性，形成“为了不平等找关系—破坏制度—制度不严肃—为了平等再找关系”的循环。很明显，这是一个恶性循环。如果大家都能严守法律和规则，社会自然会形成一个公平的制度环境。

“利益”对认同的影响

“天不生仲尼，万古如长夜。”孔子、孟子、荀子三圣奠定了先秦儒学的根基。在春秋战国时期，儒家虽然名盛一时，但也不过是百花中的一朵。西汉时，董仲舒看准了文化和政治之间需要统一，另辟蹊径，通过天人感应、独尊儒术等理念，在获得政治背书的基础上，确立了儒家独特的政治地位。后来经过韩愈、周敦颐、程颢、程颐、张载、朱熹等人打补丁，儒家的政治地位不断稳固。再加上陆九渊、王阳明等人把道家、释家的一些思想融入儒家，形成了雅俗共赏的儒家学说。当儒家走出书斋，变成老百姓都能理解的理论，儒家开始一统江湖，成为中华文明的文化底色。

儒家文化在中国传统文化中的特殊地位是长期形成的，已经融入每个中国人的骨子里，成为最底层的文化积淀。

自从儒家诞生，就有人抨击儒家，但是背靠皇权这棵大树，谁也不能奈何它。五四运动前后，统治中国学术思想两千余年的儒家学说，随着封建社会的没落而日渐丧失其作为正统思想的独尊地位。墙倒众人推，儒家俨然成了抑制中国现代思维、扼杀工业革命、阻碍经济发展的“罪魁祸首”。

这些年对儒家的抨击无外乎官本位的思想，强调长者、尊者权威，强调集体主义，过分强调德治，重视实用主义等。虽然儒家学说对人们的思想有一定的禁锢作用，对社会发展也有负面影响，但是要儒家背负近代屈辱历史的责任，也是一种甩锅的行为。

既然以上的抨击不是核心问题，那么儒家真正的命门在哪里呢？答案在一个“利”字。具体来说，就是儒家推崇“仁”和“礼”，但是耻于言“利”。人和人之间要形成一定的牢固关系，或多或少都有“利”的影响。

不可否认，无论是外在的“礼”，还是内在的“仁”，都是很重要的修养。有仁爱之心、彬彬有礼，不但是良好的个人品质，也是维持社会有序运行的基本要求。可惜的是，仅有“仁”和“礼”是无法支撑起人和人之间的关系的。“礼”讲究的是秩序，这是政治运行所关心的；“仁”讲究的是道德，这是文化传承所关心的。无论是政治还是文化，都不能取代市场经济中人和人之间的关系。如果关系处理得不好，就会验证电视剧《潜伏》中谢若林对余则成说的那句话：“嘴上都是主义，那心里全是生意！”

在市场经济的背景下，每个人都需要将自己的资源效益最大化，也就是要讲“利”。如果没有“利”作为中间体，时间长了，“礼”很难成为“礼”，“仁”也很难坚持“仁”。无论是南方人还是北方人，对“利”的需求是一样的。但是在现实中，这里的人往往会抱怨那里的人过于重视利益，不太重视感情；那里的人会觉得这里的人谈生意的时候不够直来直去，结果总是落不了地。总的来讲，两者并没有实质上的差别，这种相互之间的不理解主要是因为对“利”的认知不同。

我们讲真、善、美，“真”字当头，如果没有了真，善和美就成了伪善和伪美。人和人之间的交往不能忽视“利”的作用，如果没有“利”作为中间体，那么无论是“礼”还是“仁”，都将失去衡量的标准。我们不鼓励赤裸裸的金钱关系，但是也不提倡故作清高，故意回避相互之间的利益。

在市场经济中，讨论利益并不丢人。君子爱财，取之有道。明明喜欢钱，但是却要装作不在乎钱，这明显违背了知行合一的标准。

儒家的命门就是“利”，只有突破了耻于言“利”的障碍，才能真正打通“礼”和“仁”。当然，在逐利的过程中也要做到“不违仁”“不越礼”。当一个人有钱了，要有仁心，“己欲立而立人，己欲达而达人”，争取共同富裕。当一个人没有钱，需要去赚钱的时候，要遵循法度，不赚黑心钱。有了“礼”和“仁”给“利”守住上下限，“利”就不会成为洪水猛兽，造成社会危害。

实现了自我认同的人，要敢于言“利”。敢于言“利”才能提高沟通效率，不会相互之间兜圈子；敢于言“利”才能信守契约，不靠拍胸脯、拍脑袋；敢于言“利”才能形成更高质量的“礼”和“仁”，而不是虚伪地讲空话、大话。

认同的三重境界

认同不仅是自我修养的工具，更是追求幸福的途径。经常有人问：认同有没有不同的层次和境界？答案是肯定的。《孟子》云：“穷则独善其身，达则兼善天下。”从自我认同到组织认同、社会认同，三个不同的层次形成了整体的认同。

认同的根基不是权力和金钱，而是真、善、美。所以当一个人达到了真、善、美的境界，他就具备了实现认同的条件。反过来说，一个人如果没有真、善、美的根基，那么他周围也就不会有真正的认同，只有权力的压服或是对金钱的崇拜。我们反复强调自我认同是所有认同的基础，就是因为一个人如果没有以真、善、美为根基的自我认同，那么他和其他人之间的关系只能是利益关系。

每个人一生中总有几个朋友，和他们的交往不是基于利益、权力和名望，而是基于在一起时那种舒适的感觉。认同最直接的感受就是虽然每个人的身份、地位不同，但还是能相互认可和吸引，这就是认同的第一重境界。

在第一重境界，权力的影响被削弱，基于信任和真诚的情感占据了上风。《天龙八部》里，当乔峰初次见到段誉的时候，两个人都不知道对方的身份，却惺惺相惜。虽然乔峰一开始错认段誉是慕容复，有一个相互比拼酒力的过程，但段誉的真诚和豪气，获得了拥有丰富江湖经验的乔峰的认可。一个是大理国镇南王世子，一个是丐帮帮主，两人不问对方身份，喝了一顿酒就成了结拜兄弟，这只能用相互吸引来解释了。

第一重境界的认同往往只是建立在人际关系层面，若人们没有共同的目标，就难以取得比较大的成就。就像“竹林七贤”一样，大家虽然在精神上相互认可和支持，但也仅仅像一个“俱乐部”。如果人们有了共同的目标，就达到了认同的第二重境界。

认同的第二重境界，就是相互之间有共同的目标，有可预见的成就。第二重境界的认同不仅仅是段誉、乔峰式的认同，更是基于结果和目标的认同。一个领导者在初期可以通过宣传自己的主张、营造和谐的关系实现认同，但是长期来看，如果没有具体成就的支撑实现认同就会非常困难。很多领导者刚开始很强势，但是慢慢就失去了大家的信任，主要原因就是没有具体成就的支撑。

认同虽然是发自内心的追随，但也需要现实的支撑，毕竟大家都需要吃饭。如果说认同的第一重境界是信任，第二重境界是目标，那么第三重境界就是传承。有人曾经问一位长者：你们的城市出生过什么名人？长者说：从来没有出生过什么名人，都是婴儿。一个人不论成就有多大，都不是生而知之，而是学而知之的。每个人在成长过程中，都会或多或少地受到不同人的影响，这些影响有的比较浅显，有的比较深刻。人的认同境界越高，影响力就越大。

认同达到第三重境界，就超越了人和人之间的关系和所取得的成就。有一句歌词唱道："长大后，我就成了你。"当一个人认同达到最高境界，这个人就成了他人的榜样。值得注意的是，这种心之所向不是项羽对秦始皇的"彼可取而代之"，而是一种人人可以达到的境界。

站在领导者的角度，第一重境界的认同主要是基于自己内心，通过内心和其他人的联结，获得同外部人员的良好关系。当一个人遇到另一个人，认同一定源于内心。一个内心没有付出的人永远不会获得别人的认同，也就更不可能有更高层次的提升。第二重境界的认同则是在内心指引下的行为结果，也是对相互之间认同的一种检验。第三重境界的认同进一步超越了对结果的关注，开始从时间维度进行建构，这就构成了人和人之间的传承。具体来说，当你能够和人交心的时候，你就可能达到认同的第一重境界；当你能够和志同道合的人不断共同取得成就，你就可能达到认同的第二重境界；当你能够培养别人，而且别人也愿意追随你并以你为榜样的时候，你就达到了认同的第三重境界。

认同理论是工具箱

很多人问我：学习认同理论有什么用？我说没有什么用，它就是一个工具箱，能够帮你理顺自己的知识体系和情感。这个世界有用的知识太多了，反倒衬托出无用的知识太少了。趁年轻，要去学点看似无用的东西。君子不器，现在大家争着要去做器皿，不去做君子去求道。

有个年轻人向我诉说他的职业困惑之后，说了一句话："等我的孩子长大了，一定要让他学一技之长。"我理解他的心情，但是却希望他在培养孩子的一技之长时，也能考虑如何培养孩子对世界的整体认知。对于人的一生而言，仅凭一技之长是不够的。在我小时候，木工、瓦工都算是一技之长；在我刚工作的时候，驾驶员还是一个很神气的职业；十几年前会计还是一个紧俏的职业，很多孩子积极报考。如果说一定要培养孩子的一技之长的话，那就培养他的学习能力。

学习能力怎么培养？死读书，读死书，都不可能培养出学习能力。学习能力是一种环境适应能力，是一种能随时从环境中汲取营养的能力，是一种三人行必有我师焉的能力。有些人读书是一回事，做事又是一回事，读书和做事两张皮，结果书读了很多，事一点都不会做；也有些人这次把事情做错了，下次还会做错，没有丝毫的自我反思能力；还有些人当别人提出意见、建议的时候，把耳朵捂得紧紧的，听不进去别人的话，这些都是缺乏学习能力的表现。

人做事主要是凭经验，而经验最初是依靠逻辑和思维形成的，最终被内心接受，成为自己的行为模式，这个过程我称之为认同循环。经验一旦形成就很难打破。在很多人眼里，谁要是来打破自己的经验，谁就是和自己过不去。这样的人自然没有学习能力，也就很难持续地提升自己，从而适应环境。

认同理论是一个工具箱。当你遇到问题时，你就会自然而然地进行分析：这个问题属于自我层面，还是组织和社会层面；这个问题属于政治、制度、行为，还是经济、结构、思维，或是文化、价值理念、意愿；它对自己原有的认知有什么影响。具有认同理论支撑的人，会见微而知著，察近而知远，自然就会有更强的学习能力。

领导者的时间是一种稀缺资源，即使喜欢读书，也不可能有太多的时间读。客观地说，领导者需要的是智慧和思想，而不是单纯的知识和技能。智慧和思想是不可能仅凭读书就能获得的，一定需要一个工具箱，这个工具箱就是认同理论。

为什么工具箱是认同理论，而不是其他理论呢？因为认同理论是根植于人内心的理论。当一个人用根植于自己内心的理论体系来观察和认识世界时，他也就有了稳固的根基，既不会因为外部的动荡而恐惧，也不会因为自身的起伏而不安，从而做到宠辱不惊。老子说："吾所以有大患者，为吾有身；及吾无身，吾有何患？故贵以身为天下，若可寄天下；爱以身为天下，若可托天下。"当一个人实现了认同，也就不会因为自身暂时的起伏而困扰，而是能够站在更高的维度去看问题。

有人觉得认同理论比较复杂，其实和世界的复杂性相比较，认同理论已经最大限度地简化了人们对世界的认识。无论是以权力和等级为基本运行方式的专制社会，还是以金钱和利益为基本运行方式的资本社会，抑或是以信仰和习俗为基本运行方式的宗教社会，都不是孤立的存在，而是你中有我，我中有你的。只要人们掌握了认同理论，对世界的认识就会越来越清晰。

有了根植于自己内心的理论，又有了对外部世界的认识，我们就可以更加灵活地应对现实生活中的变化。当我们对组织的制度感到困惑的时候，可以抬头看看政治环境的变化，低头想想自己行为方式的调整，相信很快就能得出满意的结论。同样，对于自己所处的岗位以及自身的价值理念，都可以通过对自我和社会的认识得到更深刻的理解。

一个人是否掌握了认同理论，在短期内对自身不会有太大的影响，但随着时间的流逝生活会给出答案。掌握了认同理论的人，无论是什么样的信息，都会分门别类地归入自己的知识体系，然后通过内在的反思机制形成自身的经验，最终体现在实际行为中；无论遇到什么样的情况，都有一个值得信赖的思维框架，支撑自己做出相对正确的结论。同时，在认同理论指导下，我们能够更加开放自己的内心，接受生活对我们的考验。

认同理论是一个工具箱，所有的工具都能在这里找到各自的位置。当你熟练掌握了认同理论，相信你会惊讶地发现，原来你也可以明察秋毫，不会被别人的言行所蒙蔽。最后叮嘱大家：一旦掌握了认同理论，一定要低调，谨言慎行，毕竟这是一个真、善、美要统一的时代。

第二章

认同的假设

认同理论假设人是由身体、大脑和心灵三部分组成的，这三者的相互关系，直接决定了一个人的行为、思维和人生意义。人们首先要能够清晰地感觉到三者的存在，才能形成三者的协调。一个人提升自我修养的过程，就是实现三者和谐统一的过程。

没有人比你更了解自己，静下来，慢慢去感受身、脑、心的不同，形成三者的联结，最后实现统一。

在人类文明进程中，人们思维上求真、意愿上求善、行为上求美，因此真、善、美成为人们进行自我约束和规范的标准。在现实中，因为真、善、美往往不是长时间统一的，所以人们的身、脑、心会产生一定的矛盾，影响人的内在和谐与自我认同。

人的三分法

实现认同的基础是三分法，三分法将人分为身体、大脑和心灵三个部分，依据是什么呢？我们先来简单地追本溯源。

古人认为人是一元的。从一元论的角度看，人是一个整体，这似乎与我们的日常感觉有差异。我们经常会感觉到身体和精神是分离的，无法协调自己的意愿和行为。如果不进一步划分自身，我们就不能更加深入地认识自己。

法国哲学家笛卡儿认为，世界有两种各自独立、性质不同的本原，即物质和精神。

二元论比较接近我们的日常感受，我们一方面期望自己做一个高尚的人，另一方面又难以抵抗物欲的诱惑；一方面希望自己拥有健康的体魄，另一方面又管不住嘴、迈不开腿。一个人的成长过程，基本上就是肉体和精神博弈的过程。

肉体和精神的划分是一种最为简洁的划分方式，毕竟每个人都能够感受到自身肉体和精神的矛盾冲突。通过精神的自我感知，能够确认肉体的存在，也可以通过肉体的外部体验，丰富自己的精神世界。

随着知识和理性在人们生活中的作用凸显，思维逐渐超越了单纯的肉体和精神。在此基础上，我认为可以将人划分为身体、思维和意愿。

身体对应的是人的行为，我们的一举一动都是通过身体来展现的。意愿是我们的精神世界，决定了我们如何区分善恶美丑。思维则是身体和意愿之间的调节者，将现实和梦想联系起来。

弗洛伊德主张把人格区分为自我、本我和超我三个部分。他认为人的一切心理活动都可以从自我、本我和超我的联系中得到合理的解释，自我是有意识的自我调节，追求完美的超我和追求快乐的本我是对立的矛盾，本我和超我之间的矛盾冲突，需要自我进行调节。在某种意义上，本我的欲望主要来自身体的本能，自我的冷静主要来源于大脑的思维，超我的道德感则来源于心灵的追求。

基于以上的认知，我们可以就人的三分法得出如下结论：

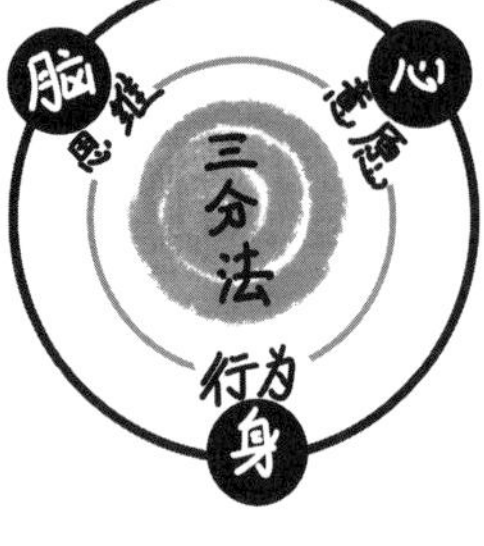

三分法是一种假设，就像西方经济学中的理性人假设一样，它符合一定的规律，但是需要进一步证明。这种假设能够帮助我们认识自己，解剖自己，从更清晰的视角观察自己，从而达到内在和谐、外在跨界的目的。我们经常用三分法来观察自己，可以找到自己内在矛盾冲突的根源，并为解决这些矛盾冲突提供更清晰、直接的路径。

人分为身、脑、心三部分，其中身体是最低目标，其次是大脑，最高目标是心灵。一个人如果只是追求肉体的满足，那么他是缺乏格调的，也是很难对社会有所贡献的。人只有不断地提高自己的知识水平，造福他人，造福社会，才能实现更高的自我价值。

虽然身体是最低目标，但是最低目标往往也是所有目标的基础。在遇到危险的时候，人们首先要保证身体的安全。虽然工作很重要，但是身体更重要。如果身体不存在了，其他的都只是空中楼阁。

身、脑、心是人的三体，三者是相互支撑、相互影响的。一个人如果身体不舒服，思维就会受到影响，情绪自然就不会太好。反过来，一个强壮的身体，自然会给思维和意志以更大的支撑。精神愉悦了，身体也会感受到，思维也会更灵活。

身、脑、心任何一个层面发生的问题，都不可能在自身的层面得到解决。一个人的身体健康发生了问题，很可能和自己的生活习惯、思维方式、精神状态有关，单纯去医治身体上的疾病，很有可能按下葫芦浮起瓢。精神上的不愉快，可能和自己的思维方式有关，而自己的思维方式可能和生活习惯有关。所以，当遇到了身、脑、心任何一方面的问题时，都要同时从另外两个方面找一下原因，避免头痛医头，脚痛医脚。

总之，三分法虽然是一个假设，但是用好了，它会是我们认识自己、改造自己的一个很好的工具。

人的三体

虽然实现认同有困难，但人是懂得自我调节的，具有很强的适应能力。

《诗大序》云："发乎情，止乎礼义。"身体、大脑和心灵，人的三体协调实现了一个人的自我认同。当三者协调的时候，世界是稳定而安逸的，当三者无法协调时，往往就是毁灭的开始。

有些人终其一生都不能领悟人的三体之间的关系，糊里糊涂地度过了一生；有些人虽然领悟了其中的奥秘，但是却已经失去了最好的机会。大多数人有时明白，有时糊涂，结果就是一生跌宕起伏。如何认识和利用好人的三体，决定了一个人的发展潜力甚至生命历程。

改革开放初期，很多人从事建筑业，开始的时候大家都一样，可是没过多久就有了差别。有的人不去学习技能，只贡献体力，负责搬砖、和泥等体力活儿；有的人注重学习新本领，贡献思维，做了技术员，可以画图、放线等；还有很少的一部分人贡献心智，投入精力，用心经营，成了管理人员。

那些只使用第一体身体的人，只满足于贡献体力，不愿意再进一步学习，缺乏能力的提升，只能一直做些体力活儿。那些使用第二体大脑的人，在工作中边干边学，不但用手，而且用脑，慢慢做了技术员。而那些使用第三体心灵的人，全心全意投入工作中，最终拥有了自己的事业。

这种分化只是一个开始，接下来只满足于贡献体力的人因为年老体衰，体力逐渐丧失，失去了更多的经济来源。他们的家庭有可能因为贫穷，不能为子女创造良好的学习环境，子女则有可能因为没有受到良好的教育，在社会竞争中处于劣势。从事技术工作的人跟随企业持续发展，为子女提供了经济保障，使他们受到了良好的教育。那些拥有自己事业的人随着环境变化，逐渐向多领域发展，孩子也接受了相对较好的教育，从而有机会去创办自己的事业。

这些都是发生在我们身边的事情，短短的三四十年，同样起点的人走出了不同的人生道路。虽然我们不能用金钱去衡量幸福，但是却能用不同的经历去衡量人生的意义。人生是短暂的，也是漫长的，在这个过程中，那些能够灵活而全面地使用三体的人，将成为最终的胜利者。

按照马斯洛的需要层次论，作为第一体的身体往往是追求满足生理上的需要。无论是美食还是美酒，都属于生理需要的范畴，但是沉溺其中就会限制一个人的发展潜力。我们身边有很多这样的例子，依托时代的洪流，侥幸赚了一点钱，然后就吃喝嫖赌，最终债台高筑。

作为第二体的大脑，追求的是一个人的整体利益，除了生理需要外，也追求安全、社交、荣誉感等，为自身提供了更为持久的保障。很多人都明白，过日子要从长计议，不能过一天算一天。这样自然比单纯的今朝有酒今朝醉好，细水长流，虽不会大富大贵，但也可以知足常乐。

作为第三体的心灵是一个人对自我的超越，它追求的是更加长远和全面的利益。当一个人有了更大的目标和志向的时候，他不但能够摆脱一味追求吃喝玩乐的享受，也能拒绝竭泽而渔的短期思维。这样的人既能为自身的未来着想，也能将自己和其他人的未来结合起来，共同去寻求更大的发展。

人无法选择自己的出身，更无法选择所处的时代和环境，只能依靠对三体的运用改变自己的命运。建立认同就是希望人们深入地了解自己，知道如何运用自身的三体，如何适当控制和释放自己的欲望。

抛开大环境不说，如果一个人懂得了如何去运用三体实现认同，一定会终身受益。那些有着良好家境、受过高等教育的人，往往知道延迟满足自己的欲望，知道有一些资源，越延迟越能创造更大的价值。有一些扶贫的人很难理解，为什么给扶贫对象的羊很快就会被吃掉，而不是等着这些羊变成更多的羊。这就是人和人之间的不同，他们对人的需要的满足次序是不一样的。

有一个经典的故事，大意是有人劝一个正在晒太阳的捕鱼人去捕更多的鱼，因为多捕一些鱼，就有钱买船、雇人，然后就可以创造更多的财富，就可以安心地躺在这里晒太阳了。故事的最后，是捕鱼人的一句反问："你看我现在不就是在晒太阳吗？"对于这个故事，站在不同的角度，可能会有不同的理解。不过，如果我是那位捕鱼人的话，我还是愿意去多捕一些鱼，毕竟谁知道明天海里还有没有鱼呢？

用认同唤醒人生

通过三分法我们知道了人的三体，通过三体的相互作用实现了认同。那通过三体的相互作用实现认同，有什么具体价值和意义呢?

仔细思考一下我们就会发现，人大多数的烦恼缘于缺乏认同：对自己的生活方式不认同，对自己的社会定位不认同，等等。不仅不成功的人缺乏认同，很多在别人看来已经非常成功的人也存在认同问题。有位当领导的朋友抱怨说从早饭开始就要按照流程参加一系列公务活动，一直到晚上结束，根本没有自己的私人时间。还有一位朋友执掌着一家上市公司，几乎每次见面他都抱怨实体经济难做，恨不能把公司一卖了之。

骑虎难下的故事，大家都不陌生：一个人在山中遇到老虎，赶快爬到树上躲避，结果树枝断了，这个人掉下来，刚好掉到老虎背上。于是他赶快搂紧老虎的脖子，怕它转头咬自己。老虎也吓得够呛，心想这人咋就骑到自己身上来了。在外人看来，这人骑着老虎，真是威风，但骑虎的人心里想的却是该怎么下来。位置不同，加上相互之间缺乏认同，导致了骑虎难下的矛盾心理。

抱怨归抱怨，现实归现实，想法和做法之间隔了不止一座山。与其不停地抱怨，不如认真地审视一下自己的内在状态，建立对自己生活和工作的认同。审视自己的内在状态，不是去粉饰或是批判自己，而是认真地审视一下身体、大脑和心灵的关系，寻求三体的平衡。

随着年龄的增长，我们的身体也不断发生着变化。年轻时人体内充满了激素，在激素作用下，人体内分泌出多巴胺，使人感觉愉悦和美好。随着年龄的增长，身体变得越来越吝啬，不再轻易给予这种“福利”。身体机能的衰退不可避免，激素分泌的减少会潜移默化地改变一个人，结果就是年龄越大越容易感到痛苦。

大多数老人不了解自己为什么会感到痛苦。不是因为老年人脆弱，而是因为随着年龄的增长使人产生愉悦感的激素分泌越来越少。如果能够认识到这种身体机能的变化规律，就可以有意识地进行应对，除了心理调节外，最简单的应对方法就是运动。

无论是散步还是游泳，都能促进多巴胺的分泌，从而调整自己的心情。一个有着健康身体的人会有更高的自我认同度。用运动去唤醒自己的身体，不但能有一个好身体，还会有一个好心情，一举两得。如果不知道怎么去实现自我认同，建议先从锻炼身体开始。

认同是身体、大脑和心灵的和谐统一，除了可以用运动唤醒身体之外，还可以用知识唤醒大脑，用追求唤醒心灵。有位朋友的经验是隔一段时间强迫自己读一本本专业之外的书，这是一个很好的刺激大脑的方法。人们学习时总是倾向于选择熟悉的领域，虽然学到了很多，但是没有跨界，无法对思维形成一定的刺激。通过读一些非专业领域的书，思考一些原来并不接受的观点，和一些不熟悉的人交流，可以发散固化的思维。

平淡的生活消磨了我们的热情，我们的思维、意愿和行为逐渐割裂开来。如果这三者不能和谐统一，也就意味着我们失去了认同的基础。如果失去了认同，当我们看见什么，我们就是什么；当我们想到什么，我们就是什么；眼里只有外部世界，没有我们自己。希望大家能够做自己，用运动唤醒身体，用知识唤醒大脑，用追求唤醒心灵，用认同唤醒人生。

身之障碍

人人都想成功，但是成功有很多障碍，最大的障碍有可能就是自己的身体。无论你有多大的梦想，第一步都是需要身体去付诸行动。很多人不是没有梦想，也不是没有计划，而是没有行动，最终导致没有实现自己的目标。为什么会出现这种情况呢？原因很简单，无论是梦想还是计划，随便想想、说说就行了，但是行动是艰难的，是要付出代价的。

每次我去健身之前，都会给自己一些鼓励或者是批判，使自己能够乖乖地走进健身房。从理论上说，无论是为了健康，还是为了身材，健身都是很有必要的。但是从身体的舒适度来说，还是希望自己能在沙发上坐一坐，或者是在床上躺一躺，毕竟一天工作结束后已经很累了。身体就是这样，好吃懒做，这是它的本能。如果你屈从于自己身体的本能，听从它的安排，那就只能随波逐流了。

身体是人克服惰性，取得成功要突破的第一道关口。没有身体上的行动就没有知识的获取，就没有梦想的实现。人大多喜欢把别人的成功归咎于天分或是运气，因为这样想会减轻自己的愧疚感。爱迪生说：天才是百分之一的灵感加上百分之九十九的汗水。虽然爱迪生补充说那百分之一的灵感更重要，但是需要付出更多的汗水也是不争的事实。

在创业的路上我看到了很多年轻人，也看到了部分中年人。从数量上看年轻人占多数，但是从创业质量上看，中年人占多数。也就是说，在创业这件事情上，中年人比年轻人更有优势，毕竟他们的经验、资源相对来讲要比年轻人强一些。可惜的是，中年人创业的比例却很低。时间虽然为中年人积累了各种优势，但也带来了副产品，他们很难去改变已经养成的习惯了。

和年轻人的激情创业相比，很多时候中年人创业是因为迫不得已。中年人之所以创业，部分原因是缘于他们自身的梦想，当然更多是因为他们自身当时的境况。无论如何，当我们向成功进发的时候，第一个障碍往往就是我们的身体以及附着在身体上的习惯。如果你习惯了睡觉睡到自然醒，习惯了看一场小话剧，习惯了喝一场大酒，基本上你就和创业无缘了。

如何突破身体的障碍？这要从人体的运行说起。人体的机能很有意思，身心既是分离的，又是相连的。譬如说你吃一块糖，你会分泌出多巴胺，会从心里感到愉悦。这种由多巴胺导致的愉悦变成了内心的记忆，使你更加喜欢吃糖，这种循环使你慢慢养成了爱吃糖的习惯。可惜的是，大多数奔向成功的路不像吃糖这样愉悦，中间隔了一道痛苦和煎熬的障碍，只有突破身体这第一道障碍，才有可能感受到延迟到来的愉悦。这就像中长跑中的极点现象，内脏器官一开始跟不上运动器官的节奏，呼吸困难、肌肉酸痛，不愿意再坚持下去，直到内在机能改善，不适感逐渐减轻，开始了新的循环，才使你感受到跑步带来的快乐。要想感受到这样的快乐，一开始需要目标的牵引。有一位朋友每天坚持跑步，他非常享受跑步过后自己的衣服能拧出水来的感觉。谈到自己为什么跑步，他说："看到父母生病躺在病床上的时候，突然意识到如果将来自己生病了，我的孩子也要这样来照顾我。为了将来不给自己的孩子添麻烦，一定要把身体锻炼好。"很多时候我们都是因为内心有了一个目标之后，才能坚持做出改变。如果没有内心目标的支撑，人很难改变自己的习惯。

虽然成功需要突破身体的障碍，但是身体也不是一朝一夕就能改变的，它有一个逐步适应的过程。从心理上来讲，不能急于求成，要给身体一定的时间。如果有了一个目标，就开始每天加班加点，不给身体喘息的机会，那也不是一条正确的路径。曾经有一段时间，我增加了户外跑步的时长并加快了速度，感觉精神越来越好，连最喜欢的午睡都可以省略了。我忍不住想：这样坚持下去，我该有一个多么健康的身体和美好的形象啊！可惜没过多久，我就感觉到膝盖不舒服，然后遵医嘱休息了一段时间，跑步自然就停下来了，生活又回到了开始的状态。精神是无形的，但是身体是有形的，以无形带动有形，一定要照顾一下有形的局限性。

上帝是公平的，给了每个人一个身体；上帝又是不公平的，给了每个人不同的身体操作手册。身体是可见的，是可以塑造的，也是最有惰性的。一个人内心的目标既是建立在身体之上的，也是被限制在身体之内的。有很多人打篮球打得好，但是没有几个人能把身体的优势转化成人生的胜势。也有很多人企业做得很好，但是把自己的身体给累垮了。

《尚书·大禹谟》："人心惟危，道心惟微，惟精惟一，允执厥中。"人心是趋利避害的，是善变的，道心（客观规律）却是微妙的，缓慢运行的，唯有专心、具有整体感，才能保持人心和道心之间的平衡。这是治国的格言，更是修身的格言。人既要在目标的牵引下不断地采取行动，突破身体的障碍，又要保持一定的敬畏和耐心，顺应身体内在的运行规律。

同本在心

每个人都有同情心。不管是发生在过去的，还是遥远的他乡的，地震、火灾、瘟疫或是战争带来的灾害，都会唤起我们内心的悲伤。这些悲伤刚开始是因为陌生人的痛苦经历，可是泪水很快就会冲破理性的堤坝，唤醒我们自身曾经的伤痛，一发而不可收。

物伤其类，兔死狐悲，都因为一个原因，同情心。

和平时期的人们很难理解，在战场上很多人为了战友的生命不顾一切，甚至为了救一个人牺牲很多生命。不是因为他们不珍惜生命，而是因为他们作为一个整体，长时间并肩作战产生了感情。当惨剧就要发生在自己的眼前，当战友的生命就要被敌人吞噬，心里那腔热血瞬间就被激活。这并不是特例，甚至不是高尚，而是人性。当面对灾难时，他们的心是一体的，只有缺乏人性的人才会冷漠地走开。

人，因为距离产生美，因为认同产生爱。

十几年前，有一个特别“吝啬”的企业家参加我们组织的一次基层调研活动。当他走进贫困家庭里，看到生活困顿的大人和孩子时，毫不犹豫地把钱包里的钱都捐了出来，甚至为自己带的钱太少感到歉疚。

2008年汶川地震的时候，单位组织捐款，好几个刚上班不久的年轻人连餐费都没留，把钱全都捐了出来。当那些灾区的画面闪现，但凡有同情心的人，谁能拒绝伸出援手呢？当同情心开始闪耀的时候，理性就不那么有光芒了，毕竟人心都是肉长的。有时候人热血沸腾不是因为傻，而是因为共情，对方正在经历的灾难感同身受。

俗话说："慈不掌兵，义不主财。"说的就是感性对理性的影响，过于感性有时候会影响一个人的判断力。然而，如果理解了什么是大慈大悲，也就知道"慈"是一个领导者必备的要素。如果心如铁石，没有对人的同情心，那么如何能够体现出一个组织的关爱之情呢？没有仁者之心，如何能行仁者之事呢？

为什么有的决策者缺乏同情心，铁石心肠呢？因为他远离了决策的环境和对象，脱离了他人的情感和利益。《孟子·梁惠王上》："见其生，不忍见其死；闻其声，不忍食其肉。"有时候人和人之间不仅仅是距离上的疏远，还有因为距离上的疏远导致的心理上的疏远。

人心都是肉长的，人只有富有同情心，才能体会到“老吾老，以及人之老；幼吾幼，以及人之幼”，才能真正体会到他人的艰难和悲伤。

只有自己的父母生病了，才知道这么多基层医院人才缺乏，才知道大城市医院挂号有多难，才知道原来有这么多流程必须要有家人陪同，才知道有那么多药品不能报销……如果决策者挂号不难，跑腿不难，雇护工不难，就永远不能理解为什么总有人在医院的僻静处号啕大哭，就永远不能理解为什么医患相处这么难。

将心比心，首先是心和心能够连在一起，能够产生共鸣。

我们中国人讲良知，但首先一定要知道什么是良知。只有经过人们检验认可的才是良知，只有真实、真诚的才是良知。无论是在哪一个层面，一旦出现了虚情假意，心和心就很难再产生共鸣了。

共患难易，同富贵难。当出现危机的时候，人们一定会共度时艰，但是危机过去之后呢？我们还是要拿出真实、真诚的良知，这样才会形成真正的认同。

思维的四次软化

小时候有一种玩扑克牌的方法，两个人每人抽两张牌，然后用这四张牌计算，谁能先计算出数字二十四算谁赢。这个游戏最有意义的地方不是谁先计算出二十四，而是告诉孩子通过多种方法都能计算出二十四。对于正在形成自我意识的孩子来说，知道正确答案不是唯一的，比快速地得到答案更重要。

数学是最有逻辑的学科之一，连一道数学题都可以有多种解题方法，何况是人和人之间的观点呢？一个成熟的人，无论面对什么样的问题，都不轻易地否定别人。无论自己有多么大的把握，都先假设别人的想法是对的，这样才能听进去他人不同的意见。

明白一件事自己是对的，对方可能也是对的，是一个人从智商到情商发展最为关键的一步。很多人智商很高，但是情商却不高，就是因为没有跨过这一步。譬如有些人一旦认为自己有了正确的想法，对其他人的想法就不再理会，就会进入一种执着于自我的状态。

不等对方表达完想法，就轻易地否定对方，已经成为很多人的通病。有一个朋友非常聪明，在学校里面学习成绩也很好，但是在工作单位却没有得到很好的发展，主要原因就是他自以为是，唯我独尊，不愿意听取不同的意见。他在交流中经常打断别人说话，一副“真理在手，说完就走”的样子。

真理只会越辩越明，给别人说话的机会是一个人的基本礼仪。无论是以权力，还是以资历，甚至是以武力压制不同的看法，短期内看似乎很痛快，时间长了人就会越来越偏执，最终受伤害的还是自己。

人除了能听进去别人的意见外，还要明白每个人都有一定的局限性。俗话说，忠言逆耳。人们对于违背自己意愿的意见总是难以接受，所以就选择性地接受他人的意见。有一种人，不是完全听不进去他人的意见，而是只听特定人的意见，只在自己的小圈子里自娱自乐，获得了下属的支持和认可，就以为自己掌握了真理。而选择性地接受他人的意见既给自己壮了胆，又不至于损害自己的威严，一举两得。

我上小学时读过一个小故事：两个人自以为诗写得好，所以想去和欧阳修比试一下。坐船的时候两个人开始联句，一个人说“兄弟两个人”，另一个人说“去访欧阳修”，两个人说完就开始相互吹捧。这时候欧阳修恰好也在船上，实在忍不住接了两句:“修已知道你，你还不知修（羞）。”很多时候，一个人干点蠢事还知道害羞，但是人一多，再加上相互吹捧，往往就不知道什么是害羞了。

每个人都有自己的圈子和朋友，大家在一起既要相互支持，也要相互提醒，不要相互“抬轿子”。古人讲究慎独，一个人的时候也要注意自身的修养。现代人沟通交流的方式多，更要注意“慎众”。人外有人，天外有天，要能够跳出小圈子思考问题，不要以为圈子里的人都夸你水平高，你就真的水平高。

有一种说法叫作“中国式过马路”，意思是人少的时候大家还能遵守交通规则，一旦人多了反倒理直气壮地闯红灯了。真理从来不是根据人数的多少来判定的，更何况是选择性地去听取他人的意见。只有做到“不唯二”，才能选择正确的行为方式。

如果既能理解自己的局限性，又能广泛地听取意见，是不是就可以保证自己思维的正确性呢？那也不一定。大家都知道，不共线的三点确定一个平面。即使在某一阶段我们广泛地听取了不同的意见，也有可能仅仅停留在表面，没有真正触及问题的实质。

赤壁大战之前，孙权也是广泛地听取了谋士的意见，结果大家的一致意见是投降曹操。如果孙权听取这些谋士的意见投降，也就没有后面的赤壁之战和三国鼎立了。谋士们看到了百万曹军的威力，也知道投降对自身没有太大的影响，所以自然得出投降的结论，但是孙权作为江东之主的下场就不一样了。诸葛亮正是看到了更深层次的原因，才能指出投降的危害，最终说服孙权联刘抗曹。无论多么广泛地听取意见，如果没有深入地挖掘问题的实质，就不可能得出正确的结论。

多问几个为什么，深入地探讨问题的答案，是提高系统思维能力的关键。“不唯一”“不唯二”都是要更广泛地听取意见，解决沟通和团结的问题，也就是做到认同里面的美和善。“不唯三”则是要挖掘认同里面的真，只有做到“不唯三”，才能避免思维走过场，认识到问题的实质。

无论对一个问题的认识有多深刻，随着时间的推移，一切都会发生变化。历史的车轮是不断向前的，如果不能做到及时调整，现在的正确可能就成了将来的错误。不断地否定自己，才能不断地更新自己，而不断地否定自己，就需要听取不同的意见。想要听到不同的意见，就要保护不同意见的来源，求同存异。

除了系统化思考之外，还要从进化的角度去思考问题。现在是过去和未来的连接点，所有的新都包含着旧，所有的旧都支撑着新。用发展的眼光看问题，才能在黑暗中发现光明，才能从失败中学会成功。

中国有句古话：“士别三日，即更刮目相待。”只有不断成长的人才能被称为士，所以古人给士下的定义是：“通古今，辩然不，然谓之士。”一个人不仅要有基本的是非善恶之心，还要学会用历史的眼光看待问题，不因为一时一事被蒙蔽了双眼。

一个人只有意识到自己可能只是历史车轮上的一根链条，才能真正找到自己的定位，不会被胜利冲昏头脑，也不会被失败打倒在地，成为一个完整的实现自我认同的人。

让心归零

虽然身、脑、心都要修炼，但是内心的修炼显然要更难一些。每个人在进行自我修炼的时候，都有一个无法回避的环节，就是要把自己的心清理干净。即使是香车宝马、锦衣玉食，如果心不清净，也会惶惶不可终日，难言幸福。

人的行为受各种因素支配，有的时候是受经验和习惯支配，有的时候是受理性和思维支配。这些支配因素都是显性的，我们能够感受到它们的存在，但是我们也受到隐性因素的支配，比如自己的内心。

人的心里藏了很多东西，中医把这些归结为七情——喜、怒、忧、思、悲、恐、惊这七种情志活动，这些活动过于强烈、持久或失调，引起脏腑气血功能失调而致病。《素问·举痛论》："怒则气上，喜则气缓，悲则气消，恐则气下，……惊则气乱，……思则气结。"一个人成熟的标志就是将这些情志活动藏起来，做到喜怒不形于色，但藏的时间长了，自己都忘了把它们藏到哪里去了。人们虽然忘记了内心的情志，但是不代表它们消失了，这些情志在暗中操控着人们的行为。

早上起来，我们洗脸刷牙，把自己收拾得干干净净出门。虽然外表一丝不苟，但是内心有时候往往是一团乱麻。心里总是在想：上级的检查什么时候开始？今天投标的项目是不是能中？孩子下课要接到哪里去？这些还好，毕竟都是一些自己可以理清楚的事情。还有一些事情，隐藏在自己的内心深处，当你想去触碰的时候它们就消失了，当夜深人静的时候，它们又冒出来了。

一个人很难把自己的心清理干净。譬如科学家，如果把自己放在实验室里，只关注自己的研究，那当然是一种理想状态。可惜他还要发表文章，评职称。他还要想办法转化自己的科技成果，如果没有成果转化，就缺乏经费。这些问题并不是天天浮在生活的表面的，而是沉在水底，稍微有点风吹草动，它们就会跑出来肆虐一番。

从内心的清净而言，科学家已经是最幸运的群体了。在企业家心里，每天的事情更是乱成一团。产能小了，会错过旺季赚钱的机会；产能大了，淡季就要亏损运营。人员层次高了，成本压力太大；人员层次低了，产品质量上不去。这些还是显性的问题，隐性的问题更让人纠结。

当一个人能够清晰地判断出自己的行为动机的时候，这个人的内心就是清净的，无论多难，他面临的也只是一个选择的问题。很多时候，人们面临的困难来自内心的混乱，似乎知道自己想要什么，但是又有一种力量在阻止自己；似乎知道自己不应该做什么，但是却挣脱不开潜在的推动力。

要想活在当下，必须把自己的心清理干净，问题是该如何去做呢?

当一个人内心混乱的时候，最为直接的方式就是做减法，把欲望控制在一个特定范围内。很多人都能做到物质上的断舍离，但是很难做到精神上的断舍离。

清理自己的内心要消除三种情绪：控制、得到和安乐。

很多人有控制他人的习惯，无论对事还是对人，如果没有按照自己的设想进行，就觉得寝食难安。无论是作为父母，还是作为领导，恨不得把孩子或是下属的行动都控制起来，不给他们留一点自由空间。

让自己的心静下来，首先要做的就是放弃控制。“人法地，地法天，天法道，道法自然”，尽人事，听天命，世事我曾抗争，成败不必在我。父母对孩子也好，领导对下属也罢，都要顺势而为。《史记·货殖列传》云：“故善者因之，其次利道之，其次教诲之，其次整齐之，最下者与之争。”很多人并不是这样，动不动就要和别人争。争不过就整治别人，实在整治不了，才想起要做思想工作，给别人点利益。最后一切努力都失败了，才真正想起要因势利导，顺其自然。很明显，这和司马迁的观点背道而驰。要学会和别人跳舞，别人进一步，我们退一步；别人退一步，我们进一步，这样我们才能有更多的舞伴，有更好的舞姿。天天像只斗鸡一样，怎么能够静下心来呢？

想要得到是人之常情，欲望是人不断前进的动力，也是人痛苦的直接根源。求之不得，辗转反侧，得到了又怕失去，得之若惊，失之若惊，每天都如同惊弓之鸟。

人的欲望是无穷尽的。如果让小孩子放开了吃自己喜欢吃的东西，那么十有八九要吃出一个上吐下泻。成年人自然不会犯小孩子的错误，但是从性质上看差别也不大。人们总是渴望得到，但是要全方位地得到，而非只是针对物质和权力，还要得到自由、尊严和认同。

安乐似乎是一种理想的状态，但也恰恰因为安乐，容易让人失去人生的目标，失去人生的乐趣。安乐的时间久了，人就会觉得无聊，觉得每天过得没有意义。“生于忧患，死于安乐”并不是一句空话，安乐会使人生失去目标和方向。很多人早就可以“安乐”，但是他们却还在努力发展自己的事业，因为他们知道这才是获得成功的正确途径。

把自己的心清理干净，不要试图控制一切，不要试图得到一切，不要试图永远安乐，这就是人生，痛并快乐着。

每临大事有静气

成功有很多要诀，我认为其中最重要的一条就是要沉住气。

沉住气很难，难在人们太珍惜时间，因而忘了那句话——欲速则不达。就像在高速公路上，自己本来在A车道走得好好的，结果发现B车道似乎更快一些，于是转换到B车道；等到了B车道，又发现其实A车道走得更快，于是再想办法回到A车道。一顿操作猛如虎，最后发现自己是二百五。

我们不仅在面对大事的时候需要沉住气，平时也需要沉住气。有的孩子比较急躁，考试的时候题目都没有看完，就忙着答题，结果把一些本来会的题目也答错了。还有一些人，等不及别人把话说完，就自以为了解了对方的想法，匆忙作答，结果自然是话不投机半句多。

成大事者必然要经受一定的考验，毛毛躁躁的难堪大用。传说张良的本事都来自黄石公，黄石公为了自己的学问不被埋没，试探了张良几次才把《太公兵法》传给他。黄石公先是故意把鞋掉落桥下，然后要张良替他去取，还要张良给他穿上。然后约张良五日后的凌晨再到桥头相会，黄石公故意提前来到桥上，批评张良来晚了。第三次，张良索性半夜就到桥上等候。再看现在的很多年轻人，不要说去帮别人捡鞋了，恐怕连理都不会理街头搭讪的老者。

既然沉住气很重要，那么怎样才能沉住气呢？最简单的方法就是硬着头皮坚持。当自己的目标发生动摇的时候，咬牙坚持下去；当自己忍不住要插话的时候，不妨再听别人多说几句；当自己觉得掌握了某种真理的时候，先看看实际的结果再下结论。

无论是谁，无论是什么事情，都有第一次，都会遇到不熟悉的情况。这个时候没有别的办法，只能硬着头皮坚持住，不能着急。刘宝瑞有个单口相声叫《黄半仙》，说的是有一位自学成才的“半仙”，被皇帝请来寻找被太监偷走的夜明珠。本来黄半仙没有什么头绪，结果他的自言自语被太监听到了。这个黄半仙别的本事没有，就是沉得住气，三言两语就把太监给套进去了。

沉住气是一门大学问。有两位朋友探讨一个项目，本来大家不在一个行当里面，井水不犯河水，但是随着探讨的深入，一位朋友沉不住气了，一定要说服对方。越想要说服对方，越是沉不住气，语言的逻辑漏洞就越多，最终事与愿违，大家不欢而散。

要想沉住气首先就要稳住情绪，一旦事情入了心，难免会干扰大脑的运转。所以，尽量把一件事情控制在思维层面上，不要上升到情绪层面。吴三桂就是无法稳住情绪的典型，他因为反对撤藩和康熙拼了个你死我活。如果吴三桂冷静一点，沉住气，就会明白自己绝不是当时的清王朝的对手，自己的行为无异于自取灭亡。

如果有人问我领导者最重要的品质是什么，我的答案一定是沉得住气。因为领导者掌握着整个组织的资源和命脉，他的不冷静会影响组织的前途和命运，不可不察。一个人在组织中的位置一定要和他是否沉得住气挂钩，那些动不动就失去理智的人，一定不能给他们太多的决策机会。

人要想在思考问题的时候入脑不入心，那就一定要牢记认同理论对内在三个部分的划分，不要将情绪和思维混为一谈。一个人如果不能分清情绪和思维，难免会做出一些冲冠一怒的决策，误人误己。

所以，从现在开始，沉住气！

长期交往凭理性

我有两个朋友最近闹掰了，起因是一笔投资。两个人有十几年的交情，当年A要创业的时候，B给了他一笔投资。快十年了，A的创业一直不好不坏，所以对B那笔早期的投资一直没有回报。前一段时间，A非常不满地告诉我，B很不够意思，明知道他资金紧张还要要回当时的投资。B也不满地告诉我，自从他把钱投进去，十年没有看到A的任何财务报表，也没有任何分红。按照B的说法，如果当年他用这笔钱买了房子，现在就是五六倍的回报了。

对同一件事情，站在不同的角度会有不同的看法，尤其在自身利益牵涉其中的情况下。凭借感情交往易，凭借理性交往难。当年投资的时候双方是基于信任和期望，但是随着时间的推移，信任在逐渐丧失，期望在逐渐破灭，剩下的就是双方不同的认知和结论。要想维持良好的关系，短期内可以凭感情，但是长期来看还是需要双方的理性。只有懂得为对方留一条路，对方才不会堵住你的路。

现实中，人们很多时候是站在感情的角度处理朋友关系，而不是站在理性的角度。因为你是我的朋友，所以我需要贷款你要帮我担保，我开了公司你要帮我开展业务。理由很简单，因为我们是朋友，所以要相互帮助，如果咱们互换位置，我也一定会帮助你的。

一个懂得自我认同的人，一定能够区分自己的行为、思维和意愿的不同，并根据这种不同重新构建一个完整的自己。

很多人以为别人能够看到他的内心，其实别人只能看到他的行为，内心只是行为的一个影子。我们的内心支配我们的身体，通过行为为别人所认识。一个人如果没有正确的思维，必然会做出错误的行为，也就难免被别人误解。当一个人希望别人看到自己的内心的时候，一定要有一面“镜子”，这面“镜子”就是理性的思维。

行为的美和内心的善要通过思维的真融合在一起，否则，思维的混乱就会扭曲内心的善和行为的美，最终失去对方的信任。一个人的身体会逐渐衰弱，一个人内心的欲望也会逐渐减少，但是理性会随着年龄的增长与日俱增。也有一些人老了就会像小孩子一样，俗称“老小孩儿”，我觉得这是理性没有随着年龄的增长而增长的缘故。真正的成长应该是理性持续地增长，最后达到孔子所说“七十而从心所欲，不逾矩”的境界。

人成长的核心是理性的成长，这个理性就是知识加逻辑，知识是理性的原材料，逻辑是理性的加工机器。明白了这个道理我们就知道应该如何去增长自己的理性，也就明白了该和什么样的人成为朋友。如果一个人经常向你提出非理性的要求，建议你远离这样的人，因为他缺乏对自己的基本约束。

当B投资A的时候，他应该明白这是一种投资行为，应该以投资者的身份去处理和A的关系，同样的思维也适用于A。只有两者都明白自己的定位，才能够用理性的方式来处理相互之间的关系。当一种投资行为转变成情感和信任问题时，它就脱离了理性的轨道，成为非理性的牺牲品。这样的投资行为不但不能获得理性的价值回报，而且葬送了两个人多年的友谊。

自己不够理性，还想将这种非理性的思维方式推销给朋友，要朋友和自己一起非理性，这就不是值得珍惜的友谊了。

怎样识别一个人？

认同不但可以帮你认识自己，也可以更好地认识别人，建立更加和谐的人际关系。

识人用人是中国传统智慧中很重要的一项技能，但凡成就一番事业的人，都具备识人用人的本领。一个人本领再大，如果身边是一群平庸之辈或是小人的话，他也成不了什么大事。无论是大英雄，还是小人物，能否看对人、用对人、跟对人都是决定事业成败的重要因素。

说到识人用人，很多人都会想到诸葛亮的“知人之道”：问之以是非而观其志；穷之以词而观其变；咨之以谋而观其识；告之以难而观其勇；醉之以酒而观其性；临之以利而观其廉；期之以事而观其信。诸葛亮提到的这七个方面对于识人都很重要，测试方法也很简单，但是我对其准确性存疑。且不说对方会不会伪装，即使对方本色出演，也需要测试人有点真本事才能辨别得出来，所以不太具有可操作性。

诸葛亮提到的“知人之道”往往停留在表面，譬如有些人在不同的状态下喝醉酒的反应是不同的，在领导面前喝醉了像小猫，在属下面前喝醉了像老虎。如果单纯靠喝醉酒的反应来测试一个人的话，准确率不会太高。

曾国藩也是识人用人的高手，他提出来的办法复杂一些。他把识人用人分为七步：第一步看神骨，第二步看刚柔，第三步看容貌，第四步看神态，第五步看须眉，第六步看声音，第七步看气色。如果觉得这种办法比较难掌握的话，他在《冰鉴》中总结了一个简单的口诀：邪正看眼鼻，真假看嘴唇；功名看气概，富贵看精神；主意看指爪，风波看脚筋；若要看条理，全在语言中。

我认为曾国藩的方法也不太靠谱。如果仅凭长相就能判断一个人是不是人才的话，那大家就不用上大学了，都应该整容去。现在有了大数据，也有了大量的人像资料，如果有人感兴趣的话，这项研究应该不难做。

无论是诸葛亮还是曾国藩，他们识人用人的方法都只是一种参考，我认为现代人应该采用现代的方式来识人。从认同的角度来看，最简单的识人方式还是依靠认同的三分法：一是身体的行为习惯；二是大脑的思维方式；三是内心的心智模式。

第一步看人的行为习惯，这是最直观的识人用人方式。总体而言，一个人的行为习惯一旦养成是很难改变的，譬如穿着打扮、言谈举止、作息习惯等，所以很容易判断。一个人做事情是不是勤勉，是不是谨慎，都是很容易看出来的。

虽然成大事者可以不拘小节，但是一个人如果有了明显的短板，就很难成功，即使成功了，也很难保持住。这一点在很多企业家身上表现得尤为突出——依靠自己的长板赚的钱，很快就因自己的短板赔进去了。所以对企业家而言，创业的时候要看到自己的长板，一旦小有所成，就要尽快修补自己的短板，避免把辛苦打下的江山再送出去。

人的一些行为习惯是无意识的，譬如口头禅、习惯性的动作等。这些无意识的行为习惯在一般情况下是可以忽略的，但是在一些特殊的场合会被放大，甚至会左右事情发展的方向。在一次研讨会上，我遇到一位女教授，她动不动就将“牛×”“傻×”等口头禅混杂在一堆学术语言里面，听众都觉得尴尬。这样的教授不管能力如何，实在是难登大雅之堂。

有的行为习惯如果自己能够意识到，可以通过一些训练来改变，譬如抽烟、喝酒或者是讲粗话等。还有一些行为习惯是建立在思维方式和心智模式上的，那就需要通过内在的提升来改变。

第二步观察对方的思维方式。一个人思维的逻辑性非常重要，决定了这个人是否可以担当大任。有的人很聪明，但是思维很不连贯，你和他说国家，他和你说乌鸦，很多对话最后都不知所云。

思维的逻辑性体现在能将一件复杂的事情分解进行独立的分析，然后再将这些独立的分析还原成问题。管理咨询巨头麦肯锡为了解决逻辑问题，总结提出了“金字塔原理”，通过情境（Situation）、冲突（Conflict）、问题（Question）、答案（Answer）的架构来确定中心思想和观点次序。

大多数情况下，思维方式和一个人的知识储备有关。如果没有太多的专业知识储备，但有良好的逻辑思维能力，即使是外行也不会表现得太差。思维方式背后还有一个更深层次的心智模式，即识人的第三步。一旦心智模式确立之后，思维方式和行为习惯都会受它影响。

譬如有些人的心智模式属于自负型，不论在什么情况下，不论自己了解多少，都认为自己是正确的。一个人一旦心智模式错了，思维方式就会变得缺乏理性，无法进行正常的交流和沟通。到了严重的阶段，哪怕认识到了自己的错误，他也会坚持己见，顽固到底。这样的人已经到了夏虫不可语冰的地步，一旦遇到，最好绕着走。

先看行为习惯，再看思维方式，最后看心智模式，这是一个由浅入深的识人过程。一般情况下这三者是一致的，有什么样的行为习惯，就有什么样的思维方式和心智模式。如果三者出现了明显的背离，那就再了解一下当时的背景，毕竟有时候人在江湖身不由己。

第三章

认同的根基

人身体的需求更接近于动物的兽性，需要基本的生理满足；人的心灵更接近于神性，能够突破自我的局限；人的大脑是理性的，它会对现实做出合乎逻辑的选择。

在人类发展史中，人对自身的运行有一个逐步认识的过程，这既是个人发现自我的过程，也是人类文明发展的过程。人一直在为控制自身的兽性而努力，无论是道德修养还是制度约束，无不是为了人类文明的延续和发展。

相比较而言，古人重在加强自身修养和认同，而社会越发展，现代人所掌握的知识越多，越需要实现相互之间的认同。合则两利，分则两害，真、善、美是认同的根基。

兽性、神性和人性

即使掌握了识人用人之法，但要真正认识一个人，还是很难，仍然需要时间的检验。俗话说：知人知面不知心。也许昨天还是健康阳光的歌星，今天就成了抛家弃子的负心汉；也许昨天还是人见人爱的影星，今天就成了千夫所指的强奸犯；也许昨天还是引领致富的劳动模范，今天就成了偷税漏税的反面典型；也许昨天还是不食人间烟火的神仙，今天就成了无恶不作的野兽。我们在慨叹人心不古的时候，不免也会产生做人难，识人更难的感觉。

人性是复杂的。人是能制造工具并使用工具进行劳动的高等动物，本质上具有动物性，也就是兽性。这里的兽性不是贬义词，而是对动物的一般属性的一种归纳，譬如生老病死、吃喝拉撒、喜怒哀乐等等。饥不择食，慌不择路，从最基本的生理层面来看人和野兽没有什么不同。

当然，人也不完全等同于动物，还具有神性的一些特质。譬如能够克制自己的欲望，能够为了大我牺牲小我，能够为了名誉、自由、亲情、爱情等付出自己的生命。正是有了神性的存在，人和动物才产生了距离，有了动物所不具备的光环。

人有时候被兽性支配，有时候也会闪现神性，在兽性和神性之间就是我们常说的人性。人性有善有恶，有美有丑。有的人人性偏恶，兽性就占了上风；有的人人性偏善，神性就占了上风。然而大多数时候，人既不是兽，也不是神，而是在两者之间徘徊。

当一个人身上的神性越来越重的时候，我会特别为他担心，因为这会极大地压缩他人性的空间。当一个人身上的兽性越来越重的时候，我会特别为他周围的人担心，因为虽然他最终会咎由自取，但在此之前他可能会伤及无辜。和神性、兽性相比较，我更喜欢一个人具有人性，尤其是平稳、可预见的人性。有的人好起来每天甜言蜜语，坏起来毫无底线。在我看来，这种不稳定性、不可预见性本来就是一种兽性，而不是人性，更谈不上神性。

每个人身上都既有神性，又有兽性。修炼人性就是要自己身上的神性多一些，兽性少一些。一个人对自己最大的责任就是保持好自己的人性，逐渐增加自己的神性。

神性有真有假，本来增加神性是好的，可惜很多人的动机不纯，不是为了修炼自己，而是为了欺骗他人。这样的人就不再是有神性的人，而是神棍。在利益的驱使下，现在很多人的神性不是修炼出来的，而是伪装出来的，要特别小心这类人。

当然，这并不是说现实社会中充满了兽性，而是提醒大家，如果你被某些人外在的神性迷惑了，他内在的兽性就要发挥作用了。

基于人性的文明

一个社会应该怎么构建？人类历史上做了很多尝试，有像中国一样的，也有像美国一样的，各个国家的社会运行方式各有其时代和历史特点，既有优点，也有缺点。关键是人类社会未来该怎样构建？

人类社会的构建要符合人性，要从人本身来考虑。我们看一个人，可以看到他的身材、长相，但是我们看不到他的心灵。除了身体和心灵之外，人还有大脑，这就是我们体内的“第三个人”。如果我们分解一个人，可以把他分为身体、大脑和心灵三部分，分别承担着行为、思维和意愿三种不同的功能。这三者既是分离的，又是一体的，它们之间和谐统一实现了人的自我认同。

人为什么会有内在冲突呢？因为身体、大脑和心灵参照的标准不同。身体所承担的行为以美为标准，强调秩序和礼仪；大脑所承担的思维以真为标准，强调真实和真理；心灵所承担的意愿以善为标准，强调和谐和良知。当一个人的真、善、美统一的时候，人就处于自我认同的稳定状态；当一个人的真、善、美出现冲突时，也就形成了内在的矛盾。这种矛盾虽然受各种外在条件的影响，但是核心还是因为无法实现自我认同。

一个人要想实现自我认同，需要进行内在的认同循环。先将内心的善转化为外在的美，然后由思维的真进行检验，最终形成经过内心检验的善。第一个阶段就是王阳明所说的知行合一，知就是行，行就是知，良知和美行要相统一。第二个阶段是对知行合一进行检验，避免因为自以为是的良知造成恶果，这是人类历史上屡见不鲜的事情。第三个阶段是对经过检验的行为进行确认，形成科学的良知，指导以后的日常生活。当一个人能够经常进行认同循环，也就实现了自我认同。

为什么要说这么多关于人本身运行的规律呢？因为人类社会的构建都是以人为基础的。因为人的行为要进行规范，所以就形成了各种制度；因为人的思维要相互联结，所以就产生了不同的结构；因为人的意愿需要获得共鸣，所以就形成了不同的价值理念。这些制度、结构和价值理念，共同构成了不同的组织，成为社会运行的基础和支撑。就像个人的自我认同一样，组织也要形成自己的认同循环，也就是说组织的价值理念和制度应该是统一的，制度反映的就是价值理念，价值理念引领的就是制度，不能表里不一。同时，组织通过结构对运行情况进行检验，然后形成符合组织实际的价值理念，最终实现认同循环。

个人的认同循环是组织认同循环的基础，在此之上，还有一个更为宏观的社会认同循环。所有的行为和制度汇聚成为社会的政治体系，所有的思维和结构汇聚成为社会的经济体系，所有的意愿和价值理念汇聚成为社会的文化体系，政治、经济和文化构成了社会认同。文化反映着政治，政治反映着文化，任何国家的政治体系都是和它们的文化相适应的。政治、文化体系是否合理，要经过经济发展的检验，促进经济健康发展的文化要弘扬，阻碍经济健康发展的文化要改进，最终形成良好的社会文化，这样的一个过程称之为社会认同循环。

个人的行为、思维和意愿，组织的制度、结构和价值理念，社会的政治、经济和文化有一个共同的标准，就是真、善、美。政治讲究秩序，也就是美；经济有自身的发展规律，也就是真；文化应该起到促进和谐的作用，也就是善。内在的善转化为外在的美，经过真的检验，形成符合实际的善，也就形成了个人、组织和社会的自我完善。

人类社会经过漫长的发展，形成了不同的政治、文化体系。这些体系是建立在民众认同的基础上的，不应该分三六九等，但是在全球化背景下，每个国家的政治、文化体系都要接受经济发展的考验。那些经得住考验的国家，就有信心坚持自己的发展模式和发展道路；那些在发展过程中遇到问题的国家，有必要审慎地反思自己的政治、文化体系。我们必须认识到，社会发展是一个长期的过程，如若希望一蹴而就往往欲速则不达。这个过程中最重要的不是速度，而是方向，只要走在正确的道路上，早晚会形成适合自己的社会发展模式。

中国在社会发展过程中，深受儒家文化熏陶，既强调内在的善（仁），也强调外在的美（礼），正如王阳明心学所强调的——知行合一。中国将传统文化、社会主义政治制度和市场经济进行了统一，形成了自身独特的发展方式，充分体现了中国特色社会主义道路自信、理论自信、制度自信、文化自信。

坏人为什么很有市场？

人性有善恶，有人被人性中的善所支配，我们称之为好人；有人被人性中的恶所支配，我们称之为坏人。通常来讲，出于安全的考虑，哪怕是坏人也会喜欢和好人来往，可是为什么社会上还有那么多坏人横行呢？

从坏人自身来看，他们一般不会认为自己是坏人，甚至会认为自己比好人还要好。《史记·酷吏列传》中记载的酷吏张汤，就是一个人性中的恶被激发出来的人。张汤小时候被父亲误解偷吃了肉，于是他挖开老鼠洞，抓到偷肉的老鼠，找到老鼠没吃完的肉，对老鼠进行拷问，以证明自己的清白。按照阿尔弗雷德·阿德勒的说法，每个人在幼儿时期就已经形成了一种生活方式，并且会据此形成自己的人生目标。

张汤的人生目标我不敢妄自揣度，只能从他的言行中看出一些端倪。《史记·酷吏列传》："（张汤）所治即上意所欲罪，予监史深祸者；即上意所欲释，与监史轻平者。所治即豪，必舞文巧诋；即下户羸弱，时口言，虽文致法，上财察。于是往往释汤所言。"张汤办案有一定的规律：皇帝想要治罪的，就找那种特别会罗织罪名的严酷的属吏去办案；皇帝想要放过的，就找那些宽和公平的属吏去办案。对于豪强，张汤就罗织罪名将他治罪；对于平民百姓，张汤就在皇帝面前为之说情，给皇帝一个显示宽容的机会。张汤考虑得太周到了！

虽然在外人看来，张汤是一个酷吏，是个坏人，但是在张汤看来，他严格遵循自己的人生信条，克己奉公地为皇帝办事。张汤死后，他的家产价值不过五百金，都是他所得到的俸禄和赏赐，没有其他产业。办葬礼时，张汤的棺材用牛车拉着，棺材外面连一个套棺都没有。皇帝听说后，惋惜张汤的死，把参与张汤案的丞相府的三位长史下狱处死，丞相也被迫自杀。

司马迁之所以写《酷吏列传》，估计和自身经历有很大关系。他因为为李陵说了几句公道话，得罪下狱，负责审理司马迁的恰好也是一个酷吏——杜周。杜周曾经在张汤手下工作过,《史记·酷吏列传》:“(杜周)事张汤,汤数言其无害,至御史。”就连酷吏张汤都认可他,可见杜周也不是一般人。

杜周是怎么审案的?《史记·酷吏列传》:“会狱,吏因责如章告劾,不服,以笞掠定之。”不服就严刑拷打,直到承认告发的罪名为止。看来杜周是得到了张汤的真传,甚至有过之而无不及:“上所欲挤者,因而陷之;上所欲释者,久系待问而微见其冤状。”皇帝想排挤谁,他就编造罪名陷害谁;皇帝想宽释的人,他就先慢慢拖着再找机会翻案。司马迁写《史记》的时候,杜周还在世,司马迁对他的描述是:“及身久任事,至三公列,子孙尊官,家訾累数巨万矣。”真是好人不长命,祸害遗千年啊!

酷吏之所以被人诟病,很大程度上不在于他们的严酷,而在于他们带着一种无所顾忌、充满自豪的恶意来做事。杜周做廷尉的时候,二千石一级的大官被下狱的一茬压一茬,人数上百。各郡国与宰相衙门送交廷尉审理的案件,一年多达一千多件。大的案件要牵连逮捕几百人,小的也有几十人;远的从几千里以外押解进京,近的也有几百里。

孔子曰:“导之以政,齐之以刑,民免而无耻。导之以德,齐之以礼,有耻且格。”按理说治理国家应该以德治为先,为什么坏人很有市场呢?这还是和任用他们的人有关。很多时候领导者既要展现自己的仁德，又要树立自己的威信，很难两全。最好的办法就是自己来展现德行，利用下属来树立威信。

武则天为了稳固自己的地位，用酷吏来稳住局势，周兴、来俊臣都是这个时期酷吏的典范。为迎合武则天的需求，周兴先后将中书令郝象贤、韩王李元嘉、鲁王李灵夔、黄国公李撰、常乐公主诬陷致死。后来周兴被人告发谋反，武则天命来俊臣审理他。来俊臣也是一个酷吏，他佯装请教周兴：“囚犯如果硬是不认罪，该怎么办?”周兴说：“这太容易了！将犯人放进一个瓮里，然后四周燃起炭火，还要特别注意火候，火不能太大，否则犯人还没招供就被烤死了。”于是，来俊臣派人找来一口大瓮，用火围着它烤，然后对周兴说：“我奉陛下旨意审理你，请君入瓮吧！”

这个请君入瓮的来俊臣原来就是个无赖，后来将自己的实践和万国俊等人一起编成了一本书——《罗织经》，将如何告密，如何罗织罪名，如何刑讯逼供变成了一种理论。在理论指导下，来俊臣研习构陷无辜之术，制造各种刑具，采取刑讯逼供手段，任意捏造罪状置人于死地。

有人说坏人身边全是坏人，好人身边全是好人，这种说法不太准确。据我观察，即使标榜自己是好人的领导者，也有可能使用坏人，坏人有时候也会使用几个好人。道理很简单，如果领导者自己是好人，使用的也是好人，那谁来当那个压制不同意见的坏人呢?

盘点历史上的坏人，我发现一个规律：明知自己在做坏事的坏人不可怕，可怕的是坏人自以为在做好事。这些人往往在很早的时候就形成了不同于常人的人生信条，在人生信条的指引下，他们把作恶当成了行善，把做坏人当成了做好人。要想解决这个问题，必须建立一个明辨善与恶的环境，让孩子从小就明白什么是善，什么是恶，树立正确的善恶观。

如何平衡得失和善恶?

人是应该多做点好事，还是应该多赚点钱?做好事心里踏实，多赚钱腰包硬气。稻盛和夫说过，许多人发现当他以辨别“善恶”来开展工作时，最后得到的远比以“得失”为标准还要多。善恶大于得失，虽然大家对这句话将信将疑，但是都希望这是真的。在现实生活里，似乎并不是这样。

俗语说:“善有善报，恶有恶报。”这句话说得很明白，善恶本身就是得失。善有善的得，恶有恶的失。善恶是因，得失是果；得失是因，善恶是果，得失和善恶互为因果关系。换句话说，善恶就是得失，得失就是善恶。因为行善有善果，所以大家更愿意行善，如果行善有恶果，谁还会坚持行善呢？

为什么有时候行善没有善报呢？这里面的原因很复杂，有可能是因为有时间上的延迟，善报没有那么快显示出来；有可能是所行的善并不是真正的善，只是自以为是的善；也有可能是因为过去欠债太多，现在所行的善，只不过是弥补了过去所做的恶。

第一，因为因果有延迟，所以善恶之报存在时间的因素。从时间的角度来看，善恶就是长期的得失，得失就是短期的善恶。一系列的得失叠加起来，就构成了善恶；把善恶分割开来，就看到了得失。宋江广交天下朋友，被人称为“及时雨”，这是一种将善恶作为原则的生活方式。正因为如此，当宋江遇到危难的时候，总有人搭救，这个时候善恶就变成了得失。原来对朋友们的付出，变成了自己逢凶化吉的回报。后来宋江接受朝廷的招安，这是一种以得失为标准的行为。这种行为导致了兄弟们离心离德，这又成了善恶的结果。

第二，因为善恶必须经过得失的检验，所以不能自以为善就是善。有一些父母动不动就打孩子，因为他们信奉“玉不琢，不成器”，不打不成材。这种善恶观是否能经受住得失的检验呢？打只是给了孩子一个行为上的直观反馈，并没有解决孩子内心的问题。很多时候被打的孩子还会诧异，不明白自己怎么又挨打了。这种打的方式无疑达不到教育的目的，充其量只是父母自己解气了而已。

如何平衡得失和善恶？很重要的一点就是要把握一个认同循环：根据善恶去采取行为，根据得失去检验善恶是否真实，进而改进善恶的标准，而后根据经过得失检验的善恶去采取行为。只有这样，才能平衡得失和善恶。

左右为难

毕业季来临，很多学生和家长向我咨询到底选择什么职业规划好。是应该专心考公务员，还是去专业对口的企业发展？如果问题再简化一点，就是应该选择体制内，还是体制外。体制内工作稳定，但是收入低，条条框框比较多；体制外工作竞争压力大，发展不够稳定，但好处是有更多的机会。在当前的环境下，体制内工作还有一个隐性的好处，就是社会地位比较高。有一个非常优秀的金融博士来咨询我就业问题，我花了大量的时间告诉他应该到专业对口的企业发展。最终他还是坦率地告诉我，希望到政府部门去工作。看来他早就已经有了决定，只不过想到我这里确认一下。

有个笑话，说古时候有个好吃懒做的姑娘，在选择嫁人的时候有点左右为难。东邻的小伙子人潇洒但是贫穷，西邻的小伙子有钱但是长得丑。最后，姑娘的结论是：最好能吃在西家，住在东家。有人说这是理想和现实之间的矛盾，也有人说这是贪心惹的祸。在不能两全其美的时候，做决策总是有点为难。

为什么她会左右为难？因为两个选择的维度不一样。如果说在同一个维度，无论是金钱还是自由，都是可比较的。但是在不同的维度，譬如说金钱和爱情、自由和地位，就没那么容易比较了。根本原因在于，理性判断中的利益得失和内在价值中的爱憎善恶，是很难放在一起来评判的。

得失是一种利益判断，它主要是基于大脑思维的分析，是相对理性和富有逻辑的；善恶则是深存于人们内心深处的东西，很难被利益所打动，喜欢就是喜欢，不喜欢就是不喜欢。

喜欢一个职业，但这个职业可能充满了风险和挑战；喜欢一个人，但这个人可能一贫如洗；坚信一种信仰，但这种信仰可能会使自己失去生命。当得失遇到善恶的时候，内心就是一种彗星撞地球的感觉。熟悉认同理论的人知道，我们内在有三个人：身体的行为、大脑的思维和心灵的意愿。这三者依据不同的标准做决策：行为上追求美，思维上追求真，意愿上追求善。

了解了决策过程，我们就明白越是没有明显偏好的人做决定越难，越是偏好明显的人越容易做出决定。譬如说一个人倾向于以美作为标准，那他更愿意以自身或者别人的经验作为参考，让他自己的决定尽量符合当时大多数人的选择。当大多数人选择向左走的时候，他也会向左走；当大多数人选择向右走的时候，他也会向右走。这不是因为他性格好，而是因为他选择了美作为标准。

第二种是以真作为标准。经常听到有人说人都是自私的，但是我并不认同。我们看早期的很多革命家，以及马克思、恩格斯这样的思想家并不是完全站在自己的角度去说话，很多时候他们是站在工人阶级或穷苦阶层的角度。由此我们可以知道，思维所采用的标准并非单纯的得失，而是真。无论是真诚、真知还是真相，都值得我们运用理性去判断。这一类人是很不受欢迎的，因为真相往往没有那么美，有时候是血淋淋的。坚持真是一件非常困难的事，尤其是身边被美占据的时候，真就是《皇帝的新装》里那个“不懂事”的孩子了。

我们身体里的“第三个人”所遵循的标准是善。以善恶为标准的决策比得失更加困难，因为得失还可以通过论证计算来说明，善恶完全存在于人们的内心中，彼之砒霜，我之蜜糖。一个以善恶为标准做决策的人，往往会被人看作精神不正常，难以理解。因为无法通过经验和理性来分析，所以往往每个人都有自己的善恶标准。哪怕是做了大恶的人，他也会说：“我之所以要他吃点亏，是因为要给他一个教训，避免他以后吃更大的亏。”

了解了这三种不同的标准，明白了人们在做决策时存在不同的偏好，也就明白了为什么很多人左右为难的事情，在有的人看来却非常简单。譬如亚里士多德“吾爱吾师，吾更爱真理”，而孔子“父为子隐，子为父隐，直在其中矣”。同为伟大的哲人，因为两者依据的标准不一样，所以做法也不一样。当一个地方发生了事故，有的领导会马上上报，有的却千方百计隐瞒，这也是因为他们内在的决策标准不一样，处理问题时的偏好不一样。

每个人都有不同的偏好，并不是说哪一种偏好就一定比另外一种好，否则，也就不会存在三种不同的标准了。现实生活中，在不同的环境下需要对三者进行统一衡量，这也是认同理论反复强调的真、善、美的统一。人为什么会左右为难？因为没有学会真、善、美的统一。长期左右为难，会导致人们对生活、工作等失去信心，甚至会产生抑郁等疾病。

不迁怒，不贰过

认同的根基是真、善、美。不管压力有多大，我们都要坚持真理；不管世道有多么险恶，我们都要常存善念；不管环境有多么混乱，我们都要坚守秩序。每一滴水都是大海，每一个人都是人类社会的缩影。鼓吹战争对抗、恃强凌弱的人无论在任何时候都是人类之敌。

十年前我开始谈认同的时候，更多是基于个人修养的提升，慢慢地才过渡到关于社会环境的塑造。现在打开微信，很多人会发现，朋友圈里的针锋相对越来越多了。一件事情发生之后，不管是地震、山火，还是贸易摩擦，很快就会形成两种不同的声音，有的人眉开眼笑，有的人义愤填膺。其实我知道，很多人连事情的来龙去脉都不清楚，只不过是看了一眼标题而已。

什么是认同？认同是个人、组织和社会之间的协调和适应。通俗来讲，就是既能接受自己，也能接受别人。从个人的角度来说，认同是个人的行为、思维和意愿之间的平衡和互洽。从人和人之间来看，认同是一种求同存异的相互适应。认同不是要求大家都相同，而是尊重各自的不同。不是我选择了红色，你也应该选择红色，而是我享受我选择的红色，你可以享受你选择的绿色。

很多人不喜欢别人和自己不一样，希望大家都一样，这种想法是错误的。设想一下，如果一个市场上全是买家，没有卖家，该是多么恐怖。再设想一下，如果这个世界上大家都一样，并且只有一种生物，要想活命只能同类相食，该是多么可怕。正因为地球上有很多种生物，才能形成一个完整的食物链，才能使我们的文明存续下去。

不要总想着让别人和自己一样，如果别人真的和我们一样了，不亚于一种灾难。我们中国人集体意识强，做事情万众一心，这是我们的文化和制度的特点，但我们也会接受在不同的文化和制度下，别人有自己的行为方式。

人类的进化不是为了斗争，而是为了生存；不是为了竞争，而是为了合作。不同的种族、文化、制度是人类社会多姿多彩的原因，我们不能改变那些从创世之初就形成的东西，也不能改变那些在不同的环境下演化数千年的东西，我们只能用自己的智慧和胸怀去接受。

为什么认同越来越稀缺了呢？原因有很多，有发展不平衡的原因，有分配不合理的原因，有价值观念不一致的原因，也有被利益和立场绑架的原因。不管基于什么原因，缺乏认同所造成的后果都是严重的，如果任其发展下去后果将不堪设想。

现在世界上有很多人都是在和平的环境中长大的，他们没有经历过残酷的战争，没有经历过难忍的饥饿。这些人是幸福的，但也是不幸的。因为他们还没有经过集体免疫，所以很容易被侵蚀。

如今的生活节奏越来越快，人们失去了沉静和反思的机会，越来越容易被浮躁所裹挟。真理和真相不是任何人都能看到的，是需要用时间去追寻的，也是需要用包容的心态去接纳的。一个人的心就像是湖面，当心静下来的时候，飞鸟、蓝天都可以映在湖面上。如果心不能静下来，那么只能看见浑浊和波澜。

人为什么静不下来？因为生活的压力并没有随着社会生产效率的提高而减少，反而随着社会的发展与日俱增。原来是穷人口袋里没有钱，现在是富人的账户上都欠着银行的钱。人类社会设计了一个非常精巧的陷阱，促使每一个人都要快速奔跑，否则就会被甩出赛道。

原来的社会节奏被打乱之后，人们需要尽快找到新的定位，以缓解内心的恐慌。环境恶化的速度太快，人内在的成长太慢，从而造成了更大面积的认同缺失。

认同缺失有什么表现？最主要的表现就是无法协调自身的真、善、美。本来我们的行为追求美，也就是秩序；思维追求真，也就是规律；意愿追求善，也就是美德，这三者同时存在于我们的思想中。可是当认同缺失的时候，我们内在的真、善、美就会出现冲突，无法协调。比如，当我们看到亲人犯错误的时候，就会面临选择：从真的角度来说，无论是谁犯了错误，都应该承担责任，付出代价；从美的角度来说，按照孔子说的“父为子隐，子为父隐，直在其中矣”，我们希望他免受责罚；从善的角度来说，我们既要维护亲人，也要讲求公德。如何协调这三者之间的关系，决定了我们是否能够保持内心的自我认同。

所以，当一个人认同缺失的时候，不是产生了善恶之争，也不是美丑之争和真假之争，而是真、善、美之间出现了冲突。这种冲突让人难以决断，很多人只好退而求其次，把内在的真、善、美之争转化为外在的善恶、美丑和真假之争，把亲人的错误归结为他人的错误、社会的错误，从而把自我认同的缺失变成了社会认同的缺失。

如果人们不能从内心去调节和平衡自己，而是通过转移矛盾来解决问题，那么这样只会破坏整体的认同。

在这个时刻，全世界的人都应该记住孔子的一句话：不迁怒，不贰过。

真、善、美的思考

人们往往有这样的认识：自己人叛变了，比敌人还可恶。就像电影台词说的："你不但侮辱我的人格，还侮辱我的智商。"我们可以接受敌人的投诚，哪怕是血债累累，放下屠刀，还可以立地成佛，但是不能接受自己人叛变，哪怕只是偷偷地溜走，不带走一片云彩，也虽远必诛。

这是为什么？因为敌人再可恶，如果他投诚的话，就证明我们强大，但是哪怕是最弱的队友叛变，也说明我们存在问题。如果对叛徒心存仁慈的话，人心散了，队伍还怎么带？最好的办法就是要他付出代价，不仅是为了惩戒叛徒，也为了警示其他人，让其他人知道叛徒是何种下场！

读书的时候有个同学犯了错误，老师组织班会让大家批评他，要求每个人必须发言。因为我和这个同学关系不错，所以说了一个最无关紧要的问题，试图蒙混过关。好在大家也并不是要赶尽杀绝，所以也没有人和我计较。谁知道班会结束之后，这个同学就不理我了，理由是我没有替他说话。天地良心，我说的问题在所有同学里面是最轻的，但是他不生别人的气，只生我的气。后来听他和别的同学说："你们说我什么都可以，但是我和他是朋友，连他也不在班会上支持我，这个人不就是叛徒吗？"

谁都可以说他，就是朋友不能说，说了就是"叛徒"。这是一种不看观点，只看立场的思想。人和人在一起形成一定的关系或组织，这虽然是一种基于价值理念的行为，但是价值理念一致不代表对问题的认识就一致。就像盲人摸象，有人摸到象鼻子，有人摸到象尾巴，没有谁能一把抓住大象。这样问题就来了，大象到底是什么样子的？

如果我们的敌人说大象长得像一条蛇，而我们的朋友说大象长得像一根柱子，而你恰好摸到了大象的尾巴，你该怎么说？如果说像蛇就和敌人的观点一致了，如果说像柱子又违背自己的判断。聪明人当然可以说，大象的确像一根柱子，不过比较细。这种说法虽然讨巧，但是敌人会觉得你可笑，朋友会觉得你不够忠诚，两边不是人。

认同强调真、善、美，这三者的确很难同时做到，只能是有所侧重，短期内可以求善求美，但长期来看一定要有真做支撑。

魏徵，少孤贫好学，有大志，曾为道士。隋末，隶李密。李密败，降唐。又被窦建德所获，任起居舍人。窦建德败，入唐为太子李建成洗马，劝李建成早除李世民（唐太宗）。及唐太宗即位，擢为谏议大夫。魏徵性刚直，知无不言，前后陈谏二百余事，多被采纳。就是这样一个魏徵，在历史上却少有人提及他的经历，而是将他和唐太宗造就的“贞观之治”传为佳话。之所以出现这样的结果，除了成败论英雄的传统之外，魏徵一贯讲真话、办实事也获得了大家的认同。

一个人要尽可能做到问心无愧，不辜负别人，不委屈自己，不做叛徒。如果结交某个朋友就要说假话，办坏事，那就不要交这个朋友，否则有朝一日可能还要背负一个叛徒的名声。甚至有一些不理性的人，还会不择手段地去报复选择了正确道路的你，那就更得不偿失了。

作为被别人背叛的一方，要在夜深人静的时候想一想：到底是别人背叛了自己，还是自己背叛了别人？如果看到整条路上的车都在逆行，就该反思一下自己的行车方向了。

有些风险是“预防”出来的

读清史的时候总有一个疑问：吴三桂可不可以不造反？看上去吴三桂很难造反，他为了讨好朝廷表示忠心，真正做到了鞠躬尽瘁。他不但替朝廷剿灭了李自成这个心腹之患，还充当马前卒，把南明残余政权和四川张献忠彻底清除。

如果吴三桂遇到的是朱元璋，估计会像沐家一样为大明镇守云南，成就一段佳话。可惜的是，他遇到的是康熙皇帝。康熙一心成就霸业，没有放他一条生路。随着康熙自身地位的稳固，做事越来越强硬，不但要拿走吴三桂的里子，还要拿走吴三桂的面子。在这种情势下，吴三桂对康熙越来越不信任，对自己的未来预期越来越低，造反也就成为他孤注一掷的选择。

朝廷为了强行实施削藩的政策，给吴三桂列了一大堆罪名，如吴三桂在云南一手遮天，对云南官员有直接的任免权，即便朝廷想在云贵两省任免官员，也要征询吴三桂的意见；吴三桂在云南上马管军、下马管民，收取赋税、广积粮草，云南俨然成了一个独立王国。上述罪名听上去很有道理，但仔细一想似乎有点问题：吴三桂这些行为本来不就是朝廷授权的吗？无论是用人，还是管事，不都是藩王的职责所在吗？怎么就成了罪证了呢？

按照康熙的逻辑，吴三桂一定会造反，而且吴三桂最后的确造反了，这似乎更加印证了康熙的高瞻远瞩。可是换一个角度来看，如果按照孝庄太皇太后的想法，等吴三桂死了再处理这件事情会不会更好一些呢？

澳大利亚人朗达·拜恩曾经写过一本名为《秘密》的书，核心内容就是“吸引力法则”。这个法则认为，心中所想之事越强烈，似乎就越容易实现。你想好的事情，好的事情就会发生；你想坏的事情，坏的事情就会发生。我认为，虽然这个法则不免有些唯心主义，但是在现实生活中还是有一定道理的。

吸引力法则认为，人类所有的思维活动，都会产生某种特定的频率，它会吸引同样的频率，引发共振，从而将我们思维活动中所涉及的事物吸引到我们的面前。就像物理学认为宇宙中任何有质量的物体都存在吸引力一样，人的思想也存在吸引力。你用善良之心对待别人，别人更容易感受到你的善意，从而回应你的善意，反之亦然。

俗语云：害人之心不可有，防人之心不可无。但预防过度反而误事。有一位企业家从某高校引进了一个高科技项目，为了保险，只给了技术持有人一半的转让费，结果项目失败了。他认为自己非常聪明，觉得少亏了不少钱。那个技术持有人也觉得自己非常聪明，因为没有拿到全部的转让费，他也没有给企业真正的核心技术。一件有可能做成的事情，就这样被两个“聪明人”搞砸了。

我有一位朋友总觉得自己的丈夫可疑，每天疑神疑鬼，用各种方式监视他。一开始丈夫还会好好地配合她，后来越来越不胜其烦，两个人最终以分手告终。疑心生暗鬼。很多风险本来没有，结果反倒预防出了风险。譬如有些家长为了预防孩子做出格的事情，每天苦口婆心地教育孩子，结果说的次数多了，激发出孩子的逆反心理，孩子反倒真的做了出格的事情。

用积极的心态对待世界是为了塑造一个积极的世界。很多社会惨案中的幸存者几乎都有一个共性，就是与人为善。他们就是因为平常对别人多了一丝微笑，多了一点关爱，多了几分包容，使自己躲过了无妄之灾。换个角度来讲，如果大家都能够像这些幸存者一样，多用爱与包容对待别人，是不是穷凶极恶之人也会少一些呢?

有的人本来不是坏人，但如果你天天把他当成坏人去防备，那么他最终可能就会成为一个坏人。反过来，如果一个人有一点毛病，但我们多去关爱他、帮助他，或许他就会成为一个好人。

这种关爱不仅对别人有利，大多数时候对自己也有利。虽然我们都不愿意被骗，但是我觉得与其把别人当成坏人来提防，不如把别人当成好人去真诚对待。一旦把别人当成坏人，就难以善待别人，甚至会把一个本来善良的人逼成坏人。

要知道，那些“预防”出来的风险更可怕。

每个人都是自己的囚徒

我小时候有个同学，每天放学回家后从不出来玩儿。我很好奇地问他每天在家做什么，他说也没做啥事情，是因为妈妈长期生病卧床，他觉得自己不应该出来玩儿。我当时还不太理解他的想法，不过随着年龄的增长，发现这是一种普遍现象，一人向隅，满座不乐。用认同理论来说，就是被礼节和秩序绑架了自己。

从表面上看，这个世界上大多数人是自由的，只有少部分人身陷囹圄。可是从内心来看，大多数人都是生活的囚徒。

这座“监狱”的看守不是别人，而是自己。每个人都是自己的囚徒，把自己的一举一动、一言一行看得死死的，不敢越雷池一步。人就是在这种情况下丧失了创造力，也丧失了生活的乐趣。

很多人因为担心健康问题，这也不吃，那也不吃；因为担心未来发展，今天不敢玩儿，明天也不敢玩儿；因为担心别人的看法，这也不敢做，那也不敢做；因为担心尽不到责任，这方面要照顾，那方面也要照顾。本来是一个自由人，但是内心却被五花大绑，寸步难行，失去了生活的乐趣。

当我们遇到外在的限制时，可以寻求他人的帮助，但是一个人内在的限制只能依靠自己去解除。一定要记住，突破自己思维的限制不能算作犯错，把自己囚禁起来才是一种悲哀。静下来好好想一想，为什么别人可以长篇大论，我却只能沉默不语；为什么别人可以肆无忌惮，我却只能循规蹈矩。如果是刀架在脖子上，我就忍了，问题是我为什么要把刀架在自己脖子上呢？

如果不考虑外部环境，我们架在自己脖子上的刀一共有三把：一把是真，一把是善，一把是美。本来这三把刀是我们应对外部环境变化，谋求生存的工具，但是如果应用不好，就会产生刀刃向内的情况。

第一把刀是真，也就是对客观规律的认识，对现实社会的领悟。一个人懂的越多，这把刀就越快，对人的影响就越大。人生识字忧患始，掌握的知识越多，积累的经验越丰富，面临的压力就越大。

人们知道抽烟会伤肺，喝酒会伤肝，蔬菜会有农药残留，人善会被人欺，恶人会有恶报，运动会耗损精力，静止会经络不通……但凡人世间有可能经历的事情，几乎都会有风险，动会犯错，不动也会犯错。这把刀使人们左右为难，进退维谷。要知道，掌握知识，积累经验是为了更好地生活，而不是为了限制自己去探索人生。

第二把刀是善，也就是同情心和同理心。人都是有善念的，“见其生，不忍见其死；闻其声，不忍食其肉”。本来善意是人人希望拥有的东西，但是善意积攒到了一定的程度，也会成为枷锁。当别人犯了错误需要被惩罚时，我们因为内在有善的要求，所以对别人下不去手、张不开嘴，只能自己生闷气，导致别人的错误由自己买单。有些人恰恰是利用人们对善的误解，肆无忌惮地享受别人的善良带来的红利。

本来是自己的权利，但是怕引起别人的误解就放弃了；本来是自己应该获得的利益，但是怕别人心理不平衡就放弃了；本来应该发泄自己的怒火，但是因为考虑到别人的承受力就放弃了。在一次又一次放弃的过程中，善这把刀侵蚀着自己的欲望，煎熬着自己的内心。

第三把刀是美，也就是对于秩序和集体的责任感。明明是错误的判断和决策，但是因为来源于长者和尊者，所以也就违心地答应了。长时间对秩序的遵守，使人的行为和思维开始固化，无法冲破经验构筑的牢笼。对一件事情不是看对错，而是看出处；对一个行为不是看是否合理，而是看别人的脸色。每个人都在这把刀下变得乖巧、顺从，像一个毫无思想的傀儡。

非礼勿言，非礼勿视。社会的礼节本来是为了塑造一个和谐的环境，但是无形中却被放大了，成为“存天理，灭人欲”的帮凶。很多想法在萌芽阶段就结束了，根本形不成做法，大家说起来头头是道，但是真正开始行动的时候却无所作为。

每次在电梯里、大街上或会议中看见面色凝重、心事重重的人时，我似乎看到他们的身后都站着一个看守。这个看守不是别人，正是自己。这个看守手持三把刀，每一把刀都是那么庄严，使自己陷入自己设下的牢笼之中。

尽可能地放松一下自己，把自己从自己的手里解放出来。世上没有什么救世主，只有自己才能救自己。

停下来认真审视一下自己的生活，仔细思考一下哪些是我们不得不接受的外部枷锁，哪些是自己强加给自己的枷锁。舒缓一下自己内心的压力，感受一下去掉枷锁的轻松。那应该是一种久违的轻松，一种对生活的新的认识。

放下自己手中的刀，对自己好一点，在变幻莫测的环境中让自己舒畅一些。余生并不长，愿大家不做自己的囚徒，轻松前行。

学会认输

赢得起，容易；输得起，难！

诗人杜牧在赴任池州刺史的路上，路过项羽自刎的乌江亭时，写下了诗句："胜败兵家事不期，包羞忍耻是男儿。江东子弟多才俊，卷土重来未可知。"在杜牧看来，一个英雄人物应该输得起，卧薪尝胆，卷土重来。后来李清照夫妇为躲避金兵逃亡，也路过乌江。估计李清照也知道杜牧的诗，不过她还是发表了不同的意见："生当作人杰，死亦为鬼雄。至今思项羽，不肯过江东。"很显然，李清照觉得项羽至死不认输是对的，宁愿站着死，决不跪着生。

杜牧和李清照意见相左，那问题来了，项羽乌江自刎到底应不应该？可能不同的人在不同的心境下会得到不一样的结论。

杜牧为人倜傥，年轻有为，年纪轻轻就写下《阿房宫赋》。他以济世之才自负，根本不在乎自己被外放，认为这不过是人生的一段插曲，所以才说出卷土重来的话。刘禹锡也曾戏作：“百亩庭中半是苔，桃花净尽菜花开。种桃道士归何处，前度刘郎今又来。”李清照则不同，她的丈夫赵明诚临阵脱逃，她悲愤至极。李清照与其说是在赞美项羽，不如说是在讽刺只顾逃命苟安的南宋君臣。

抛开后人评说，站在当年楚汉之争的角度，虽然项羽落败，但的确还没有到山穷水尽的地步。《史记》记载项羽自刎前说：“天之亡我，我何渡为！且籍与江东子弟八千人渡江而西，今无一人还，纵江东父兄怜而王我，我何面目见之？纵彼不言，籍独不愧于心乎？”我认为，在这种情况下，项羽选择自刎，是因为他还没有学会认输。

人总是会输的，即使没输给别人，也会输给自己。要想活下去，学会认输是一项必备技能。

很多人明知道自己错了，却不承认，只能用另一个错误去掩盖已犯下的错误，结果错误越来越多，最终不可收拾。

譬如崇祯皇帝，在位期间动辄更易将相。为什么动辄更易将相？因为朝廷日渐糜烂，自己又不愿意承认自己的错误，只能诿过于将相。换句话说，这些将相都是背锅侠，都是崇祯死不认输的牺牲品。

小时候下棋，遇到一个不愿认输的对手很难受。明明对方败局已定，却还是要和你苦苦周旋，直到无处落子为止。改成在网络上下棋之后，大家都是陌生人，应该没有面子问题了吧？可还是不行，有的人眼看大势已去，拒不认输，而是把账号挂在网上，自己一走了之。潜台词是：你不是能赢我吗？那你就干等着时间耗完吧。

我认为，不懂得认输是一个人性格的巨大缺陷，是人际关系的一大陷阱，是事业发展的绊脚石。

因为不会认输，所以在辩论中就一定要赢。论点没赢就比论据，论据没赢就比声高，声高再不行就比谁更无耻，胡搅蛮缠。我原来认为不认输的人是因为要面子，后来发现不认输的人根本就不要面子。这种胡搅蛮缠式的胜利就像《皇帝的新装》中的皇帝，大家都知道他光着身子了，可是他还要硬撑下去。

因为不会认输，所以就不懂得反思和改进。有个下棋的人从不服输，有人问他今天下棋输赢的情况，他说：“第一盘我没赢，第二盘他没输，第三盘我要求和棋，结果对方不同意。”我认为围棋是一项君子运动的主要原因就是围棋会复盘，不管谁输谁赢，双方都要把下完的棋再摆一遍，讨论其中的成败得失。这对于输棋的一方而言，的确不是一件容易的事。可是每一次复盘都是一次自我反思的机会，所谓“吃一堑，长一智”，失败乃成功之母。如果不承认自己输了，就只能吃一堑再吃一堑。

因为不会认输，所以失去了恢复实力的机会。世上没有常胜将军，所以说胜败乃兵家常事。汉尼拔是迦太基统帅，翻越阿尔卑斯山大败罗马军。在扎马战役中遭遇失败后，汉尼拔领导的迦太基没有玉石俱焚，而是选择认输。事实上，这种认输是力图东山再起的蛰伏。

怎样才能学会认输呢？还是要按照认同理论的要求，求真、求善、求美。

当事实摆在眼前的时候，一定要承认事实，这是求真的表现。螳臂当车、蚍蜉撼树看似英勇得很，其实是不自量力。无论是对朋友还是对敌人，求真应该放在第一位。虽然说兵不厌诈，但是实力是骗不了人的。与其被别人吃得一个棋子都不剩，不如主动认输来得潇洒。

当争执不下的时候，要听从良知的声音，这是求善的表现。有些问题并不是马上就会有结论的，地球到底是会变得更冷，还是更热？公说公有理，婆说婆有理。这种情况下我们先不要争执，从遵从良知开始做起，无论是低碳出行，还是简约生活。

当出现内在不愉快的时候，要维护大局，这是求美的表现。有些人得理不饶人，自己占了三分理，就不承认别人的七分理。虽然别人的理是多了一点，但自己的理决不放弃，大不了鱼死网破。比如，虽然我酒驾了，但你的车还压线了呢！这样的不认输不仅不会长脸，还会给自己带来更大的损失。

当然，习惯性认输也不可取。有位大哥和我打完扑克，说了一句语重心长的话："兄弟，你太佛系了，不太适合打扑克。"看来在打扑克这件事情上，我还是要有点不认输的精神才行。

内在和谐

第四章

每个人都有良知，大多数人都愿意依据自己的良知去做出决定。问题在于每个人的良知并不是一致的，在不同的时空下，每个人都可能依据自己的良知做出了决定，但是却形成了不同的行为方式和结果。人类文明的发展就是把那些经过检验的良知固定下来，传承下去。

在不同的文化背景和制度下，有时候人们所选择的良知并不一致。这种对良知选择的不一致会造成不同的人之间发生冲突，甚至形成不可调和的矛盾。

要想形成统一的良知，既需要知行合一，又需要对知行合一的结果进行检验，形成经过检验的良知。只有经过检验的良知，才能真正由善意带来善果。个人在这个过程中也实现了自身的和谐，能够在组织和社会层面与其他人形成统一。

王阳明心学之我见（一）

心学创始人王阳明非常幸运，年轻的时候误打误撞，竟然最终精通儒、道、释三家，这就为他融合三家之长，独创一派创造了条件。

严复在《〈阳明先生集要三种〉序》中写道：“夫阳明之学，主致良知。而以知行合一，必有事焉，为其功夫之节目。”这是对王阳明心学的概括和总结。后面严复又写道：“独阳明之学，简径捷易，高明往往喜之。”（《阳明先生集要三种》，清宣统三年铅印本，明明学社印行）这个评价很重要，点出了王阳明心学之所以流传甚广的原因。

一门学问要想流传，既要“有营养”，又要“好吃”，顾此失彼的话就会影响到人们的接受程度。心学的根扎在儒、释、道三家的沃土上，有着广泛的思想基础，容易获得国人的认同。这有点像马克思主义在中国的传播，种子一旦找到了适合的土壤，就会萌芽和蔓延。王阳明心学修行比较简单，知就是行，行就是知，有了思想基础，心学就蓬勃发展起来了。

“致良知”是王阳明心学的主要观点之一，良知被王阳明定义为与生俱来的道德感，不需要学习就可以得到。人们追随自己的良知去做，便自然合乎道德标准，不需要进一步费脑子思考。王阳明认为，人们一旦开始思考，良知就不能发挥作用了，反倒无法知行合一。

知行合一，按照现代管理学的说法就是把正确的事情做正确。良知负责选择做正确的事情，人们只需要在良知的指引下去做就好了。王阳明这个说法在大多数时候是对的，因为人性大多是相通的，就像孟子所说，人有四端：“恻隐之心，仁之端也；羞恶之心，义之端也；辞让之心，礼之端也；是非之心，智之端也。”这些都可以作为良知的基础。不过一旦人的良知被私欲蒙蔽，王阳明的知行合一就遇到了挑战。

我们不能把现代人的思想强加给古人，但是也不能因为圣人之言就止步不前。结合孟子和王阳明的思想，我们可以知道“良知”就是孟子所说的“善”。有人认为善是一个相对的概念，也就是说每个人对善的定义是不一样的。有人说孩子犯错的时候包容是善，也有人说孩子犯错的时候批评是善，所以我认为善是一种经过筛选的偏好。这种偏好是怎么来的呢？它是我们根据外部环境和自己的实践总结出来的。一个人越成熟，他内心的善（偏好）就越丰富，就越能依据内心的指引行事。

王阳明心学的缺陷在于他的善并没有经过真的检验和筛选，只是一种与生俱来的道德感。这在古代可能不是什么问题，但是在现代就不一样了，因为人们对于真的认识已经无法凭直觉来获得。如果没有对自身偏好的审视和检验，好心往往会办坏事。

如果有人信奉王阳明心学，把自己的善当作社会的善，就会把自己的偏好施加给社会，造成社会的损失。很多地方为了发展经济，不考虑实际情况就启动了很多不合适的项目，结果是亏得一塌糊涂。王阳明心学的缺陷就在于缺乏对知行合一的检验机制，也就是忽视了脑在这一过程中的作用，心灵的善和身体的美因为缺乏真的检验，变成了伪善和伪美。

心灵决定做正确的事情，然后身体去把事情做正确，最终大脑对上述过程进行检验，看看是否符合实际的要求。如果符合实际，大脑就会把这个结果传递给心灵，形成新的善（偏好）保留下来；如果出现了不好的结果，大脑就会否定这种做法，要求心灵拒绝这种善（偏好），这个结果就是我经常说的认同循环的形成机制。

如果没有脑的参与，知就是行，行就是知，我们不免就会犯错误。在现实中，很多人思维能力不强，容易被身体所绑架，把身体的欲望当成自己内心的需求，做出错误的行为。

在知行合一之后，增加一个用脑检验的过程，就实现了认同理论中真、善、美的统一，就能够建立一个完整的自我。社会的运行也是同样的道理，政治在文化指导下运行，至于文化指导是否正确，需要用经济发展的结果进行检验。

只有通过理性的思考，接纳科学的判断，我们才会了解世界的真实情况。从现代社会发展来看，王阳明心学需要补齐脑这一环节，才能真正适应时代，不过这不是王阳明的缺陷，是当时的时代的缺陷。

王阳明心学之我见（二）

王阳明心学在沉寂了一段时间之后，又开始火了起来。这是一种文化现象，更是一种社会现象。王阳明心学的主要观点是“知行合一”和“致良知”。当人们普遍感觉社会中缺乏良知、虚伪浮夸的时候，他们需要一个支点来平衡自己失去稳定的内心世界。

王阳明知行合一的“知”不是知道，而是良知，就是要求人们用内在的良知去驱动自己。只有真正做到了，而不是只停留在口头上，才能算是知行合一。譬如每年的父亲节、母亲节，很多人都会在朋友圈发一些文字表达自己对父母的感恩之情，但是平常却很少去陪伴他们，这样的行为很难称得上知行合一。还有一些人，经常描绘企业未来的发展前景，似乎只要提出了未来的发展目标，就已经实现了一样。这样把目标当现实的行为，更难称得上知行合一。

知行合一有点像清华大学的校风——行胜于言。知就是行，行就是知，只有真正做到才能算是知行合一，口头上的革命家实现不了共产主义。很多人把理想和现实搞混了，以为画一幅房子的图画，就可以搬进去住。这种理念短时间内还有人相信，时间长了就不会被人认同了。把理想实现的时间规划得越近就越容易穿帮，真正的骗子都是把理想规划到来世，蹩脚的骗子才会把理想规划到明天。

在良好的社会风气下，每个人都会认真寻找和实践自己的良知。如果大家都不要求自己有良知，而是期待着别人有良知的话，那么这个社会就是一个风气败坏的社会。

王阳明最得意的就是他的“心学四诀”：“无善无恶心之体，有善有恶意之动，知善知恶是良知，为善去恶是格物。”从这个口诀中，我们可以看到王阳明对人的理解是按照两分法来的，也就是将人分为身体和心灵两部分。从身体的角度看，人是没有善恶之分的，但是一旦心里起了念头，就有善恶之分了。按照王阳明的说法，良知和心灵是一体的，心灵要对良知进行判断和选择。

认同理论的基础是三分法，也就是人分为身体、大脑和心灵三个部分，这是和王阳明的两分法最大的不同。不过，我们仔细审视他的四句口诀就会发现，“知善知恶是良知”这句口诀实际上就是一种思维的判断，因此我认为王阳明的心学四诀是按照三分法来讲述的。

回头再看王阳明的心学四诀，我认为可以这么理解：一个人仅从身体层面来看是没有善恶的，但是他内心的意念一动就有了善恶，如何去判断善恶呢？那就需要大脑的理性思维来进行判断。通过大脑对身体和心灵的“格物”，实现了自身整体的认同。也就是说，一个人的行为和内心的良知要经过理性的判断才能实现为善去恶。

我们可以这样认为，王阳明的心学就是认同理论的思想基础。这并不是说王阳明心学比认同理论版本低，而是当时的时代限制了王阳明对于人本身的理解。在心学中，王阳明对人的判断只有一个标准，就是看他是善还是恶。在认同理论看来，身体、大脑和心灵是有着不同的判断标准的，身体的判断标准是美和丑，大脑的判断标准是真和假，心灵的判断标准是善和恶。身体、大脑和心灵分别对应了一个人的行为、思维和意愿。一个实现了自我认同的人应该是三者和谐统一的人，也就是做到了真、善、美统一的人。

王阳明强调“吾性自足，不假外求”，所以他的心学主要用于自我的修炼。认同理论认为，个人实现自我认同仅仅是一个起点，还要进一步实现组织认同和社会认同。

从组织的角度来看，个人的行为汇集起来就是组织的制度，之所以建立一定的制度，就是为了规范人的行为。因为美本身就是一种秩序和规范，所以组织制度的标准也是美。个人的思维汇集起来就是组织的结构，通过不同的岗位、职责和流程，每个人的思维被调动起来，形成一个有机的整体。从结构的角度来看，一定要能够解决现实的问题，所以它的标准就是真。个人的意愿汇集起来就是组织的价值理念，组织通过价值理念来影响和规范个人的意愿。无论是什么样的组织，它的价值理念一定要遵循善的标准。

自我认同超越组织认同，进一步发展，就会形成社会认同。个人的行为和组织的制度汇集起来就是社会的政治，它同样遵循美的标准，也就是要有规则、有秩序。个人的思维和组织的结构汇集起来就是社会的经济，它同样遵循真的标准，尊重生产力发展的客观规律。个人的意愿和组织的价值理念汇集起来就是社会的文化，它同样遵循善的标准，也就是要促进人和人之间和睦相处。

认同理论在王阳明心学的基础上得到了拓展，它不但要解决个人内心的问题，还要建立起一个认识组织和社会的系统。通过这样一个系统的建立，一个人的真、善、美越统一，就越能够发挥出更大的组织和社会价值。一个好的组织和社会，就是要通过对人们真、善、美的培养，从而形成一个良好的治理结构。如果王阳明在世，我相信他会赞同这种说法。

认同的修炼

认同作为一种能力说简单也简单，很多人无师自通；说复杂也复杂，很多人一辈子也学不会。这种差异并非取决于人聪明还是愚钝。那些学不会认同的人，是因为还没有开悟。很多聪明人会犯自以为是的毛病，在生活中把人简单化、脸谱化。作为管理者，只有认识到人的复杂性，才有进一步探讨管理和修炼人性的基础。比如古代有一位知县，他是一位出身贫寒的农家子弟，对下面的人毫不留情，整得一帮小吏龇牙咧嘴；对上面的人也不留后路，怼天怼地怼空气，就连皇帝也被他怼得哑口无言。可这样一个人，对他的老婆孩子却近乎苛刻。对这样一个大清官，我们不能苛求太多，只能叹一句“人无完人”。

我们夸一个人不要夸到天上去，贬一个人也不要贬到地下去，这不是因为我们自己有多么完美，恰恰相反，正是因为我们认识到了自己的不完美，己所不欲，勿施于人。“周公恐惧流言日，王莽谦恭未篡时。”像周公、王莽这样的人都曾经被人看错，我们怎么能随便给人贴标签呢？

看人还是需要用认同理论的三分法，我们的身、脑、心是三个人，不是一个人。意识到人是复杂的，就不要先去要求别人，先从修炼自身开始。如果是自己都做不到的事情，最好不要苛求于人。

如何修炼自己呢？要把身、脑、心分开修炼，身要管得住，脑要容得下，心要想得开。

身要管得住。人们评价一个人往往是听其言，观其行，所以人首先要修炼的就是行为。对行为的要求是要美，也就是要有秩序，所以修炼身体最重要的就是要管得住自己。

人长着两条腿，可以到处跑；长着两只手，可以随处抓；

还长着一张嘴，可以随便说。管得住自己就是要从这几个方面开始。《论语·颜渊》云：“非礼勿视，非礼勿听，非礼勿言，非礼勿动。”这里所说的“礼”就是指礼仪制度，也就是我们所说的秩序，就是美。

别人说话的时候，自己静静地听着；自己说话的时候，考虑一下对方的感受，这就是管住了嘴。有很多人毫不顾忌别人的感受，说起话来不分场合、时间，滔滔不绝，这是一种缺乏修养的表现。当然，除了管住嘴，还要管住手脚。

脑要容得下。一个人一旦思维模式固化，就会形成对自我的限制。这种限制是无形的，虽然帮助自己树立了信心，但也屏蔽了与自己不同的思维模式。不可否认，突破自己是非常困难的一件事情。基于这样的认知，当我们听到不同的观点，看到反常的现象，遇到不配合的人的时候，不要像孙悟空对待妖怪一样，拿出金箍棒一棒子打死，而是要像唐僧一样，先用菩萨心肠去包容一下，等分辨清楚了再决定打不打。

包容别人不是软弱，排斥别人也不是坚强。虽然打破固有的思维模式是一个痛苦的过程，但和所得相比还是值得的。无论是科学发现，还是商业机会，很多的成功案例都缘于敢于打破旧的范式。旧的思维模式可能让你感觉舒适，但新的思维模式能使你卓尔不群。

心要想得开。从长远来讲，我们都会走向死亡，这是生命的本质所决定的。既然结局已经确定，何不坦然面对过程呢？

《大学》中的认同

《大学》相传为曾子所做，短小精悍，是儒家经典，其在宋以后大兴，值得人们反复诵读体会。

《大学》开篇讲明了一个核心，三个基本点，或者叫“三纲”。“大学之道，在明明德，在亲民，在止于至善。”一个核心是“道”。《大学》的道是什么？这个道就是我们所说的“认同”。认同具体怎么表现？即认同的三分法：明明德（脑）、亲民（身）和止于至善（心）。我认为，明明德是要清楚地认识把握自己的德行，亲民是要采取实际的行为，止于至善是要建立内在的善意。

亲民的行为来源于内在的善意，内在的善意外显为亲民的行为，它们之间的联系就是明明德。只有明明德，才能够将亲民和止于至善结合起来，从而达到知行合一。而亲民和止于至善的结合要依靠明明德来进行检验，不能自以为是，将作恶当作行善。

“三纲”之后是“七证”。什么是“七证”?“七证”即知、止、定、静、安、虑、得，也就是“知止而后有定，定而后能静，静而后能安，安而后能虑，虑而后能得”。为什么要进行这样一个描述呢?因为前面没有把“三纲”的次序和修炼过程说清楚，需要做进一步的阐述。

“七证”的核心是什么?是静。不要小看这个“静”字，人的修养都在这个字上。我们之所以会犯错误，大多数时候是因为没有静下来。静下来之后，无论是自己的内心，还是外面的世界，都会变得清晰起来。

在静的两侧，分别是知、止、定和安、虑、得，这是静之前和静之后人的不同状态。知是一种被各种意识填满的状态，这里面有我们的知识和习惯，也有一些我们自己没有觉察到的潜意识，可以说我们每时每刻都被知所左右。止是一种对自己意识和状态的觉察。定是一种内心的状态，是寻求一种内在的安定。知、止、定就是让自己的脑、身和心停下来，这样才能获得静。知道认同循环的朋友都明白，这是人体内身、脑、心的一个统一状态。只有三者都停下来，才有可能相互交流、相互联结，形成一个整体。

人能常清静，天地悉皆归。当三者都停下，联结起来之后，我们就获得了静。当人静下来的时候，万事万物和自己就有了联结，儒、道、释都是在这种状态下达到内在的反省和自身的升华的。这是第一层的认同循环，让自己从花花世界里抽身出来，用自己去映照世界，让世界去笼罩自己。这种感觉是快乐的，是在嘈杂的俗世中难以获得的。

静的右侧是安、虑、得。安是心灵的追求，是目标和方向；虑是大脑的思考，是关于未来的规划；得是身体的行为的结果和体现。这三者代表了心、脑、身在静之后，获得了整体的结合，形成了认同的第二层循环。在这层循环中，三者不是分离的，而是统一的。

我们从《大学》知道了一个核心是“道”，也知道了“三纲”是身、脑、心的结合，并且通过静的修炼，实现了身、脑、心从分离状态到整体状态的转化，形成了个人的认同循环。《大学》做了一个简单的总结："物有本末，事有终始。知所先后，则近道矣。"道就是让人知道事物的本质，然后能够将这种本质转化为自己的内在状态，将自己的善建立在真的基础上，最终转化为外在的美。

《大学》开篇讲了一个人如何实现自我认同，接下来讲了如何将自我认同转化为组织认同和社会认同。一个人总是离不开社会环境，应该怎样和社会连接呢？"古之欲明明德于天下者，先治其国；欲治其国者，先齐其家；欲齐其家者，先修其身；欲修其身者，先正其心；欲正其心者，先诚其意；欲诚其意者，先致其知；致知在格物。物格而后知至，知至而后意诚，意诚而后心正，心正而后身修，身修而后家齐，家齐而后国治，国治而后天下平。"

古人眼中的国家和天下跟我们是不一样的，如果一定要做一个对比的话，从概念上都要缩小一个型号，国家相当于现在的各个组织，天下相当于现在的一个国家。由于家族的重要性，在个人和国家、天下之间，还要存在一个家，这也是和现在所不同的。理解了这两点，我们就知道了如果想要建立认同型国家，必须建立认同型组织；想要建立认同型组织，必须建立认同型个人。而认同型个人必须通过格物、致知、诚意、正心来实现，这也是身、脑、心循环的一个过程。

接着,《大学》再次强调了实现自我认同的重要性。无论是天子还是平民百姓，如果没有实现自我认同，就不可能有组织认同和社会认同，自我认同是本，组织认同和社会认同是末，不能舍本而逐末。

《大学》还阐释了一些重要的概念，譬如“所谓诚其意者，毋自欺也”。也就是说在思想上要追求真，不能自欺欺人。这也是我们在认同理论里所讲的思维追求真，意愿追求善，行为追求美，每个人都是真、善、美的组合。当主政者成为真、善、美的组合，就可以克服各种偏见，更好地为社会服务。

如果你认真地去读《大学》，就会发现它其实是在讲如何实现自我认同以及如何将这种认同转化为治家、治国的能力。

从“太急”到“太极”

我给进修的领导干部讲授“跨界创新思维”，课后有人围着我提了不少问题，其中有两个问题比较普遍：一是现在不断强调制度和规矩，同时却又强调改革和创新，制度和创新怎么协调？二是怎么能够让自己在纷繁复杂的工作、生活中静下来？

这两个问题虽然一个是外在具体的工作方法，一个是内在抽象的思维模式，但是根源都在于内在的自我调和，处理好了就是“太极”，处理不好就是“太急”。认同理论的一个很重要的作用就是让我们从“太急”转变为“太极”。

太极图粗看是分为阴阳两部分，但是仔细看会发现阴阳之间还有一个更加重要的第三者在调和阴阳的运行。

理性思维调和身体和内心的冲突，维持着我们正常的运转，形成了阴阳调和的“太极”，这是认同理论的基础。无论是“我思故我在”，还是知行合一，如果没有把人进行三分的基础，就会陷入混沌状态。

“反者道之动，弱者道之用。天下万物生于有，有生于无。”思维的强弱，对一个人是“太极”还是“太急”起到了关键的作用。值得注意的是，个体与外界环境相比实在是过于渺小，因此思维难免被外界所裹挟。就像股市里的散户，割肉永远在低点，买入永远在高点，不是个人太糊涂，而是环境太强大。

思维一旦被外界控制，也就失去了协调自身内在的能力，内在的秩序就会混乱。反思能力低的人就会在这种混乱中自得其乐，而经常反思自己的人不免感到焦虑，形成了阴阳失调的“太急”。

回到第一个问题，制度和创新怎么协调？制度对应着社会的政治环境，创新对应着社会的文化环境，两者本来是不冲突的，但如果环境是“太急”的状态，个人就无法独善其身了。譬如说知识产权保护制度作为一项制度，恰恰是对创新的支持、保护，如果破坏了制度，也就谈不上创新了。

作为政策的制定者和实施者，政府应该坚守社会公平公正，把效率和市场选择交还给经济。经济需要满足社会政治和文化发展的需求，在制度和价值理念的范围内自由发展，只有这样，个人才能协调制度和创新。

第二个问题是如何让自己静下来。外部的混乱传递到个人，人就会感觉很难静下来。静是从“太急”到“太极”的关键。“静”字是由“青”和“争”组成的，青是万物萌动，是生命力的体现，而争则是两只手在抢夺它。

身体的需求和内心的欲望无时无刻不在争夺我们，而思维就是我们生命力的维护者。一旦静失守了，我们体内生生不息的“太极”状态就会被打破，形成一个个涡流，冲击我们的精神和肉体。

处于这样的状态，我们的内心会起伏不定，我们的身体会困倦不堪，展现出来的精神面貌就会缺乏理性和逻辑。可以想象，这样的状态不要说去创新，就连循规蹈矩都是奢望。既然静这么重要，怎样才能静下来呢？

当思维对身体和内心进行调节的时候，应适当减少外部信息的摄入。如今，信息无处不在，各种获取信息的渠道随处可见。报纸、杂志、广播、电视、手机、平板电脑，这些信息源大多是杂乱无章的，适当地控制信息源是进行内部调节的关键。虽然思维需要源头活水，但是滚滚江水往往是泥沙俱下，很难清可鉴人。无论做什么，关键是消化自身存量信息，而非接受新的信息源。

有一位企业家，每隔一段时间就会到僻静的寺庙、乡村待一段时间。在这段时间里，除非有特别重要的事情，否则他很少参与公司的日常经营。虽然这家公司在战术上乏善可陈，但是多年下来，公司的战略基本走在了时代的前沿。这是领导者静心的副产品。

对领导者而言，立德、立功、立言，没有哪一件能够缺少静的功夫。曾国藩在日记里反省说："昨日今日，俱无事出门，如此大风，不能安坐，何浮躁至是！静坐工夫，须是习熟，不勉强苦习，更说甚？"（《曾国藩全集·日记（一）》，岳麓书社1987年版，第122页）又言："心微浮则气浮矣，气散则心亦散矣。”(《曾国藩全集·日记(一)》，岳麓书社1987年版，第128页)一个领导者，如果天天都是门面功夫，自然就缺乏主见，难免人云亦云，误人误己。

普通人更是没有必要摄入过多的无效信息。有的人天上的事情知道一半，地上的事情全知道，但是对自己的专业能力却无心提高。有的人更是将一些小道消息和鸡汤格言当作炫耀的资本，真正的知识反倒在脑子里无处立足。有的人也会进行思考，但是思考的过程是先射箭后画圈，把自己荒谬的行为合理化，然后理直气壮地为自己辩解。思维是身体和心灵的调节者。在思维对身体和心灵进行调节的时候，不能自欺欺人。

身体的需求往往是短期的，而内心的需求是长期的。短期的往往急迫且不重要，譬如说饿了就要吃饭，不吃是要死人的，但是吃饭肯定不是人生最重要的追求。长期的往往重要但是不急迫，譬如说实现自己的理想很重要，但是没有急迫到一年就要实现。

马三立有一个经典相声叫《十点钟开始》，有一段说：“要加强我的政治学习，我认真地阅读马克思列宁主义、《反杜林论》、《资本论》、《斯大林全集》、《毛泽东选集》、邓小平的文选、历史唯物论、辩证唯物论、自然辩证法、唯物论的经验批判论，加强我的政治修养，提高我的艺术水平，几年之内，我追不上鲁迅、郭沫若，我要赶上老舍、赵树理。”

如果像他这样想，要想不急还真难。

为什么有人讨人嫌?

我是不是有点讨人嫌？但凡能问自己这个问题的人，都不会太讨人嫌。真正讨人嫌的是缺乏自我觉察和反思意识的人。

人是一种喜欢群居的动物，但并不是一种擅长群居的动物。有少数的人自带春风，和他们在一起就像春风拂面一样，但是大多数人都有一些讨人嫌的地方。有的人自说自话，有的人满嘴跑火车，还有的人没占到便宜就算吃亏，所以有人说人和人之间就像刺猬，离得远了觉得冷，离得近了又扎得难受。

为什么有人讨人嫌？这个问题既简单又复杂。简单之处在于讨人嫌的人一般都很自我，不太会顾及别人的感受，不懂得尊重别人；复杂之处在于很难判断怎样才是讨人嫌，同一个人，也许今天表现得讨人嫌，明天却又变得惹人爱了。

李大姐是一个热心肠，不管是谁也不管是什么事情，她都会不请自来地掺和一下，很多人觉得她缺乏分寸，避之不及。可是，当有人真遇上一点问题，需要人帮忙的时候，却发现李大姐这种的要比其他冷漠的同事好得多。这个时候的李大姐就没那么讨人嫌，甚至有点可爱了。

站在李大姐的角度，自己对谁都是满腔热情，但是自己到底是不是讨人嫌，她也不知道。因为她从来没有意识到这个问题，甚至可以说这个问题已经超出了她的思考范围。如果李大姐明白什么时候该热情一些，什么时候该尊重别人的私人空间，她就不会讨人嫌了。

像李大姐一样，大多数时候，讨人嫌的人并不一定是坏人，也不一定有恶意，只不过是缺乏自我觉察和反思意识。每个人都会被自己的经验和习惯所左右，如果没有自我觉察和反思意识，就会成为经验和习惯的奴隶，根本不知道自己的行为在别人眼里是什么样子的。

我有一个朋友，特别外向，干什么事情都很积极。按说，这种性格应该可以和大家更好地相处，但是他的人际关系并不理想。在单位，不管谁干出一点成绩，当事人还没来得及汇报呢，他先向领导汇报了。上级领导来检查，自己单位领导还没来得及说话呢，他先说上了，整得领导都没话说了。时间长了，大家都觉得他没有分寸，有什么事情都躲着他。

在解决自己的问题时，依靠经验和习惯没有什么不妥，但是在和其他人沟通交流的时候，就不能仅凭自己的经验和习惯来做事情，要考虑一下别人的感受，给别人一个表达的机会。

老张曾经做过大领导的秘书，在饭桌上养成了爱咋呼的习惯。不管有什么人，不管是什么局，只要他在就不停地说话，根本不给别人机会。无论谁说话他都要插话。在他看来，谁都没有他知道的消息多，认识都不如他深刻。时间长了大家都不敢喊他吃饭了，因为有他在别人就没法进行完整的对话。

像老张这种情况，但凡他有一点点自我觉察和反思意识，都不至于形成如今的局面。只要老张看一看大家的脸色，听一听大家的语气，就知道自己该闭嘴了，可惜他既不会看也不会听。

大家都知道老张人不错，但是人好不代表不会讨人嫌。在与人交流时，一个人的经验和习惯就像个盖子，把他死死地扣在下面，使他听不到任何外界的声音，看不到任何外面的变化。在这样的环境里面待长了，就会养成旁若无人的习惯，怎么会不讨人嫌呢？

要想不讨人嫌，第一关就是要打破自己的经验和习惯，去听听别人怎么说，看看别人怎么做。为什么自己的朋友越来越少？为什么别人的朋友越来越多？要想不被人嫌，就要走出自己的舒适区，学会聆听和接受别人的观点，营造一个有来有往的交流氛围，不唯我独尊。

突破了被经验和习惯封锁的第一关之后还有两关，但是因为有了自我觉察和反思意识，就不会太难了。第二关和第三关分别是被理性左右和被胸怀左右。

理性本来是一个好东西，一个理性的人自然会按客观规律和制度来办事。不过，凡事总有两面性，过于理性的人就会显得不近人情，拒人于千里之外。即使看起来彬彬有礼，也很难让人感到亲切。袁博士就是这样一个人，对谁都特别客气，不说“您”字不开口。无论是对同事，还是对陌生人，袁博士都是恭恭敬敬的。按说这样的人应该口碑不错，但是大家却很难接受他，普遍的反映都是说“这个人有点假”。

为什么会有这样的反映呢？因为中国虽然是礼仪之邦，礼多人不怪，但是中国还是一个人情社会，在礼仪之外大家更希望获得一种情感上的交流。礼太多就会让人产生一种公事公办的感觉，将人和人之间的关系公事化了，自然就很难让人觉得亲切。

适当的时候要打破理性的外壳，像一个有血有肉的人一样，说出自己的爱憎，表达自己的观点，这样才会让人觉得真实。

按说做到以上两点就不会特别讨人嫌了，但是为了追求完美，我们还要再往前迈一步，突破第三关，主动表达自己的善意，包容别人的缺点和错误。人非圣贤，孰能无过。当别人犯错后，不要急于去纠正和反驳，给对方一个自我觉察和反思的机会，这样更容易获得别人的认可。

我曾经有一个朋友，说话咄咄逼人，甚至有时候会故意找碴儿，很多人因此对他有意见。我知道他之所以这样，很大程度上是为了引起大家对他的关注，他希望得到别人的尊重。这个时候，有人适当地给予他一些言语和行为上的支持，他的情绪很快就会平复。

要想不讨人嫌，第一是不能只按照自己的经验和习惯来做事，不考虑别人的感受；第二是要适当地打破理性的外壳，展示一下真实的自己；第三是要主动表达善意，有包容别人的胸怀。

在人和人的交往中，需要遵循打破自己的经验和习惯—考虑别人的感受—打破理性的外壳—表达善意的过程，这个过程越短越好，最好能锻炼出实时反馈的能力。如果具备了这样的能力，你就是传说中的“万人迷”了。

经验为什么突然不管用了？

什么是经验？经验就是由实践得来的知识或技能。虽然经验有自己的，也有别人的，但是我们一般不太相信别人的经验。就像小时候学过的《小马过河》里的小马，它最后发现，河水既不像老牛说的那么浅，也不像松鼠说的那么深，只有自己试一下，才能知道河水的深浅。小马获得了过河的经验，就成为它处理过河问题的法宝，随时随地都可以拿出来用。

人们大多数时候解决问题也像小马一样，需要依靠经验，尤其是自己积累的经验，这样既简便又有效，还省得费太多心思。可惜经验不是万能的，有些情况下一些很好的经验突然就不管用了，不但没有解决问题，反而制造出很多新问题。就像和面，面多了加水，水多了加面都是很好的经验，但是加来加去，突然发现面盆已经盛不下这么多东西了。

还有一则故事，一群猪非常幸福地生活着，每天早上外面钟声一响，就会有食物送进来，大家饱餐一顿，然后就蒙头大睡。钟声响了就有饭吃，这是它们的经验，可惜这种经验并不是万能的。也许有一天钟声响了，来的不是食物，而是屠宰场的工人。

经验为什么突然不管用了？因为外部环境发生了变化。任何人都改变不了外部环境会不断变化的事实。这个变化有大有小，有远有近。一般而言，越小越近的变化对自己的影响越大，但可控；越大越远的变化对自己的影响越长远，但不可控。

因为经验需要相对稳定的外部环境，所以一种经验突然不管用了并不代表经验本身出现了问题，而是外部环境发生了变化。我们应该时刻提醒自己，外部环境的变化是不可避免的，也是不可控的，不要拿过去的经验来解决未来的问题，否则就会犯经验主义的错误。

大家都知道蝴蝶效应，蝴蝶脆弱的翅膀并不能扇动大量的空气，但仅仅是这小量的由蝴蝶脆弱的翅膀扇动的空气引起的扰动却能增长并最终导致几千千米以外的极端天气事件，如雷暴、飓风等。蝴蝶效应强调物理系统初始条件的微小改变可能对物理系统的未来演变产生巨大的影响，或者一微小的事件可能转变成为一极端地具有极大影响的事件。我认为，从根本上说，蝴蝶效应是一种反经验的理论，因为蝴蝶扇动翅膀是不可避免的。

当我们意识到外部环境发生变化，已有的经验已不可靠，我们就会面临一个难题：如何去面对不断变化的世界？答案只有一个，那就是要不断超越已有的经验。经验需要不断地爬坡。

经验需要不断地爬坡

我们经常说理论与实践相结合，但具体怎样结合却没有一个很好的方法，需要自己去琢磨。当一件事情发生时，我们的第一反应就是搜寻自己已有的经验。一个人的经验越丰富，处理问题的方法就越多，也就越不容易出差错。反过来，一个人的经验少，遇到问题的时候就不得不去依靠理论来解决。

理论的价值在哪里？有一个经典的故事，讲的是一群人在阿尔卑斯山遇到暴风雪，迷失了方向。这时有人发现自己手上有一幅地图，大家如获至宝，按照地图的指引，最终找到了下山的路。等到安全下山后，大家才发现这是一幅比利牛斯山的地图。为什么错误的地图也能指引大家安全下山？因为虽然山的格局不同，但是基本的规律是一致的，这也是人们相信理论指导的前提。

经验是一种个人化的理论，理论是一种大众化的经验。一个经验丰富的人的大脑里面有一个数据库，从主目录到分目录，再从分目录到子目录，可以迅速地检索到处理问题的方法，并且用适当的行为表现出来。大多数人在做决策的时候，根本分不清楚自己到底是基于经验还是基于理论。

经验是一把双刃剑，丰富的经验是一个人的宝贵财富，同时也是他内在的束缚。一个人经验越丰富，就越难以接受外部的变化，难以接受与自己的经验不符的理论的指导，容易犯经验主义的错误。一个人经验越少，内在的束缚也越少，对外界理论的抗拒也会少一些，当然也容易犯教条主义的错误。

经验与理论结合对一个人形成解决问题的能力至关重要。首先需要解决经验爬坡的问题。这个问题需要在理论指导下分三步解决：第一步是观察外部环境；第二步是内在反思；第三步是探索式前进。

经验爬坡的第一步是观察外部环境。经验是宝贵的财富，它的缺陷在于和不断变化的外部环境不一定匹配，所以需要通过观察外部环境进行对照。很多人一讲话就是三个重点、五个方向，在别人听来这是在讲他自己的经验，但是他自己认为这是在讲放之四海而皆准的理论。所以我们一定要清楚，哪怕是自己特别笃信的理论，也可能不过是一种经验。有时候自以为选择了一种理论，其实只不过是确认了一种经验。如果观察外部环境，并时刻与外部环境相对照，可能再好的理论最终也不过是个人的经验而已。

第二步是内在反思。接受与自己不同的观点是困难的，因为这意味着对自己的一种否定。经验要爬坡，内在反思是必由之路。多少人被经验困于高坡之下，虽然看到了问题，却囿于自己的面子不去解决。如果面子放不下，经验也就上不去，这是必须直面的现实。我觉得内在反思是经验爬坡最难的一步。很多人平常做不到，只好等问题积攒到一定程度的时候一次性解决。哪怕已经意识到自己错了，但是不到黄河心不死，不撞南墙不回头，还是希望能有奇迹出现，这也是大多数人的通病。

第三步是探索式前进。这个世界上没有一劳永逸的经验，更没有一劳永逸的理论，我们只能探索式前进。在经验爬坡的过程中，要用实践去检验理论，也要用理论去指导实践。只要往前走，就一定会遇到新问题，遇到新问题就一定需要新经验来解决，解决了新问题我们就有了新理论。换句话说，当我们的经验达到了一个新高度，这个坡就算爬上来了。

提高顺境反思能力

一个光芒万丈的体育明星突然被禁赛，一家全球瞩目的高新技术企业突然被制裁，反差之大，不仅当事者难以接受，就连吃瓜群众也瞠目结舌。我们当然可以用物极必反，或是“反者道之动”来解释，但是如何避免这样的翻车事件发生，是每一个处在顺境中的人或组织不得不考虑的事情。反思作为人与生俱来的一种能力，应该受到更多的重视。

反思是人们对过去经验和现实环境偏离的再调整，是一个人修正自己思维和行为方式的重要途径。一个人越善于反思，就越能提高自己的工作能力，越能与外界环境相协调，所以判断一个人是否能堪大用，反思能力是一个很重要的指标。反思能力因人而异，能在顺境反思的人是圣人，能在逆境反思的人是常人，在逆境都不反思的人是蠢人。

哪怕是不喜欢反思的人，在逆境也会反思。譬如李斯要被处死时，对自己的儿子说：“吾欲与若复牵黄犬俱出上蔡东门逐狡兔，岂可得乎？”譬如陶渊明在辞官而去时赋诗说：“归去来兮，田园将芜胡不归?”但是在顺境，大多数人是缺乏自我反思的能力的，因而往往失去了最佳的调整机会，最终悔之无及。

一个人如果具有顺境反思能力，就能更好地全面提升自己。那么如何提高自己的顺境反思能力呢?最简单的方法就是结交一些挚友。无论是皇帝还是平民，身边有几个能说真话的朋友很重要。佛教禅宗和尚接待前来求学的人时，常常用棒迎头一击或大声一喝，促其领悟。因以“当头棒喝”比喻促人醒悟的警告。这是借助外部力量促使人反省的一种方法，挚友起到的往往就是这个作用。当自己因一点成绩得意忘形时，有人出来泼几盆冷水，让自己保持清醒。这样的方法虽然简单有效，但是也存在一定的问题，毕竟忠言逆耳，时间长了朋友关系也会受到影响。

从根本上说，求人不如求己，提高顺境反思能力还是要从自身想办法。如认同理论所说的，不要把自己看作一个人，而是看作三个人，这三个人互相监督，形成内在的自我觉察。当自己顺风顺水的时候，要看看风从哪里来，水向哪里去，不要把外部环境的优越当作自身的能力。

2001年我在经管学院负责金融项目的时候，有个学生从证券公司辞职回家专职炒股，他觉得自己就是天生的股神，一年翻番都不在话下。几年后我再遇到他的时候，他又找了一份工作，抱怨说中国股市环境太差了。在这个学生看来，盈利了是自己水平高，亏损了是股市环境差，很明显这是一种缺乏反思能力的体现。根据这个学生的表现，我虽然不是算命先生，但是也能看到他的未来。

自我觉察不是胡思乱想，而是一种有序的内外联结。在形成自我觉察之前，首先要进行外部环境的观察。没有对外部环境的观察分析，自我觉察就成了无源之水。首先观察分析这个社会发生了什么变化，这个行业发生了什么变化，周围的人发生了什么变化，弄明白自身的处境。明白了自身的处境，再进行自我觉察，分析自己的目标发生了什么变化，自己的能力发生了什么变化，自己内在的动力发生了什么变化，最后做出正确的判断和选择。

自我觉察虽然容易，但是人自身会有盲点，不愿意直面自己的伤疤。有时虽然人们已经觉察到了一些危险，但自我保护的本能让人们往好处想，有意识地去规避那些不愿意承担的后果。有个财迷溺水，虽然觉察到了自己有被淹死的危险，但是依然心存侥幸，不愿意放开手里攥着的黄金。无论如何，自我觉察只是反思的第一步，放下才是真正反思的开始。

如果不能从旧的经验和习惯中挣脱出来，反思就会陷入死循环。有时候，我们自以为是在反思，但其实是在说服自己不去接受外界的变化，继续走老路。如果经过反思，还是走了老路，我想这次反思一定是失败的。世界是一直在发展变化的，我们选择了老路，也就意味着放弃了和世界一起改变的机会。

俗话说：不到黄河心不死。反思往往需要结果的验证。为了提高顺境反思能力，我们可以把一件事情分成多个阶段，提前进行验证。苏格拉底曾经带领三个弟子去麦田，比赛看看谁能摘到最大的麦穗，要求每个人只能向前走，只能摘一根。第一个弟子见到一根大麦穗就摘了下来。第二个弟子走到终点才发现最大的麦穗已经错过了，只好随便摘了一根。第三个弟子把麦田分成了三段，第一段用来确定最大的麦穗大概有多大，第二段用来验证自己的结论，到第三段遇到同样大的麦穗时果断出手，最终获得了胜利。当我们反思的时候，要先对未来可能产生的结果做一个预判，不要等到尘埃落定的时候才后悔错过了机会。

对于成功者而言，逆境的时候要反思，顺境的时候更要反思。如果做不到的话，可以用布袋和尚的《插秧偈》来提醒自己：手把青苗插野田，低头便见水中天。六根清净方为道，退步原来是向前。

摒除“负知识”

我觉得张艺谋拍过的最好的电影就是《活着》，剧中的主人公一开始就因为赌博败光了家业，失去了一切。机关算尽终于得到他家产的人，却在土改的时候被枪毙了。“祸兮福之所倚；福兮祸之所伏。”人生充满了未知，懊丧中带着侥幸。

古龙在他的小说里解释过为什么吃喝嫖赌，赌放在最后面。因为吃、喝、嫖花的都是有数的钱，但是人一旦赌博就什么也剩不下了，所以赌一定要放到最后。赌博容易上瘾，像《活着》的主人公一样。现实中也有一些人好赌，明知道十赌九输，但他们依然飞蛾扑火，在所不惜。

人们对为什么会有人嗜赌有很多解释，有人说是因为信奉一夜暴富的神话，有人说是因为内啡肽上瘾。无论是什么原因，赌徒在刚开始赌博的时候，往往都感受到了赌博的愉悦。人很容易将偶然的经历储存为经验，去指导自己以后的生活。

人总是在不断地积累经验，但是经验有时候是一种错觉。事物是不断发展变化的，如果总是用固有的经验去解决现实问题，难免郑人买履。一个人有知识是好事，但是如果不能正确应用，掌握的知识就会成为“负知识”。

我把那些自身牢固掌握但因外部环境发生变化已经不再适用的知识称为“负知识”。譬如我去清华附近一家熟悉的餐馆吃饭，中途去洗手间，到了“洗手间”发现原来的地方已经变成储物间了。我再回头去找，发现洗手间就在刚刚经过的地方。为什么我之前没有发现呢？因为我认为自己知道洗手间的位置，不用观察寻找，所以才经过洗手间而不入。这就是典型的“负知识”。

家乡曾有人联系我，问我能不能帮老家做点事情，主要是招商引资。我听了他们的招商计划，无非是投资多大的企业，给予什么样的优惠政策。我建议说，有些重工业、周期性的产业可能短期会有收益，但是长期来看不但不会有助于经济发展，而且还会带来巨大的环境压力。为了可持续发展，还是要鼓励创新型企业，这样对旧的产业升级和新的增长点培育都有帮助。创新型企业没有固定的投资规模，但是需要优秀的企业家和科技人才，这些都是难以用钱来衡量的。

负责招商的人员以为我没有听懂他的话，不停地告诉我，如果介绍一个企业落地，会给介绍人多少比例的投资奖励。其实他不知道，现在已经进入依靠人才和科技推动发展的阶段，而他还停留在招商就是引进机器设备、吸引巨额投资的思维模式。这种思维模式曾经在经济发展中发挥过重要作用，但是现在已经成为他们招商引资的障碍。

环境改变了但思维不变，知识就是这样从正面走向反面，成为“负知识”的。一个人的“负知识”越多，就越容易忽视外部环境的变化，越容易犯错误。

有一次我带孩子回乡下，每到了黑暗的地方他就会使劲跺脚。我问他为什么，他说一跺脚灯不就亮了吗。这也不怪孩子，他一直生活在城市里面，走廊里几乎都是声控灯具，他习惯了一跺脚灯就亮。

有一帮博士生去调研肉价上涨问题，在总结汇报会上，他们得出一个结论：肉价不会持续上涨，应该很快会回归正常。他们的理由很多，但是有一条我印象深刻，其中一个博士生说：“原来我们认为猪一胎只生一头，这次调研我们发现，猪一胎能生六七头，所以猪肉价格不可能长期高位运行。”这位同学能够把生育知识与猪肉价格联系到一起，也算是一大创举。

古代有位皇帝听到老百姓因为饥荒被饿死，说出了“何不食肉糜?”这样流传千古的“名言”。据说外国的一位皇后也曾经说过类似“为什么不吃蛋糕?”的话。比贫富差距更可怕的是生活环境导致的思想割裂，生活在各自环境里的人因为缺乏独立思考能力和批判精神，逐渐成为环境的俘虏。他们所掌握的知识并非对世界的整体认识，但他们受各自生活环境的影响对自己掌握的知识深信不疑，造成社会中思想的割裂和对立。

如果一个人掌握的与环境不适应的知识多了就会形成“负知识”，掌握“负知识”的人多了就会形成社会的“负文化”。在任何社会，如果做决策的人不能够深入实际，了解社会的实际情况，就会提出一些脱离实际的政策建议，干扰社会的正常发展。

有时候人们对问题的认识不一致，出于避免冲突的考虑，大家表面上和和气气的，但是却失去了相互之间的信任。这种以牺牲相互之间的信任为代价的对问题的认识慢慢转变为关于伪装的“负知识”。具有这种知识的人就被认为成熟，不具有这种知识的人就被认为幼稚。长期的、大量的“负知识”聚集起来，就成了社会的“负文化”。

一个人如果能够有意识地抵制社会的“负文化”，就具备了一定的内省能力，也就能够摒除自己的“负知识”。不要割裂自己的真、善、美，要用真诚、善良和美行去应对外部环境的变化，这样可以减少“负知识”对我们的干扰。

已知和未知

古希腊哲学家芝诺曾经说过，一个人的知识就像是一个圆，已知的知识在内，未知的知识在外。一个人已知的知识越多，他的圆的周长也会越大，他未知的知识也会越多。可是在现实中，很多人并没有意识到自己所知有限，而是以为自己掌握了所有的真理，可以用自己有限的认知去检验一切，然后贴上对与错的标签。

孩子大多有一个叛逆期，这个时期的孩子不但蔑视父母的权威，甚至对外界的一切都不满意。一般来说，出现这种情况和孩子开始觉得自己掌握了一定的知识有关。当孩子不了解世界运行的基本规则的时候，他们会对父母和周围有敬畏之心，但是当自己有了一点可怜的知识的时候，就觉得掌握了全部的真理。就像一个穷人突然有了一点钱，就觉得自己是天底下最富有的人了。

这个时期的孩子如果不能很好地进行调整，就会偏离正确的发展方向。耐心的父母需要给孩子一些时间，让他们认识到自己的肤浅，重新回到汲取知识的道路上来。父母不要用自己的知识体系和孩子对抗，更何况很多父母掌握的知识也不过是皮毛而已。学，然后知不足。学习就是这样一个过程，用知识唤醒知识是一条艰难的自我唤醒之路。

很多人终其一生都是“半瓶醋”的状态，谁如果说自己掌握了真理，那他很快就会听到真理的笑声。古诗说得好：“松下无人一局残，空山松子落棋盘。神仙更有神仙着，毕竟输赢下不完。”人与人之间的纷争虽然有一时的胜负，但是在时光看来，所有的得失都是相对的，所有的知识也是相对的。

我们会把已经掌握的知识看成自己的一部分，如果有人轻视这种知识，就认为是对我们的蔑视。相反，对没有掌握的知识，我们总是持怀疑的态度，尤其是和我们已经掌握的知识相矛盾的新知识，我们总是千方百计地想证明它们是错误的。有些时候我们会有一种错觉，已知的知识是我们的孩子，而未知的知识是我们的敌人。

智者权衡利弊，愚者深信不疑。已知和未知之间不但有着思维的阻隔，还会受到情感的限制。如果说已知代表着光明，那么未知就意味着黑暗，我们可以把它们看作两种不同的存在。与其说已知和未知是光明和黑暗的对立，不如说是我们内心文明和愚昧的对立。

和人类未来将要掌握的知识相比较，我们现在掌握的知识是微不足道的，从这一点上来说，人类现在也不过是孩子。在这个阶段，我们要做的不是炫耀，而是将更多的未知变成已知。那些阻碍我们思想进步，阻碍我们吸收新知的东西，就像青春期的叛逆，需要通过持续的学习去化解。

一个人的知识是需要气量来支撑的，一个小肚鸡肠的人不可能成为一个有真知灼见的人。一个人是这样，一个组织和一个民族也是这样，只有和世界建立认同，在世界范围内推动跨界创新，才能和世界同步。每一个人的已知都是从未知开始的，即使是天才也是从出生后才开始掌握这个世界运行的规律的。当一个人每天把玩自己的已知，拒绝接受未知，那他也就失去了和世界同步的机会。

汤之《盘铭》曰："苟日新，日日新，又日新。"商朝的开国君主成汤把"苟日新，日日新，又日新"刻在澡盆上当作警诫自己的箴言。现在，这句话就刻在清华西门的石头上，提醒着每一个清华人要把接受新鲜事物和自身身体的清洁保持一致。出清华西门就是圆明园南门，进南门前行然后沿福海左转，就会看到圆明园四十景之一：澡身浴德。无论是清华园的莘莘学子，还是曾在圆明园里修身养性的古代帝王，都应该具备这样的一个基本素质，那就是不断进步。

当然，知识和人一样，也有新陈代谢，一种知识如果不进行升级，往往就会成为拥有者的负担。知识的升级不是自动实现的，需要我们不断地更新已知，接受正在生成的未知。一个人一天中如果有什么惊喜的话，莫过于发现一个崭新的自己。

平等是沟通交流的支点

我周末参加了一个活动，虽然是民间活动，但是有一位“大专家”出席。专家很和蔼，知识面广，也很健谈。他从中美关系讲到了俄乌局势，从经营管理讲到了人性善恶，可以说是通晓上下五千年。因为对参加活动的人都比较熟悉，所以我知道在座的人里面，至少有好几位和“大专家”的观点是不一致的，但是大家都频频点头，没有一个人提出不同的意见。事实上，这种情形很常见，有专家在场，交流基本上是单向的。毕竟大家都是成熟的社会人，知道什么该说，什么不该说。

人和人之间需要双向沟通才能形成一致的意见和目标。从这个角度来说，周末这场活动中的沟通交流是失败的，因为直到活动结束，专家也不知道别人有不同的观点。像这种沟通失败的例子有很多，从大处说国与国之间有外交沟通的失败，从小处说父与子之间有情感沟通的失败，这些失败往往都有一个共同点，那就是缺乏沟通交流的支点——认同。

现实中，人和人之间的地位总体而言是不平等的。国家有强弱大小，父子有伦理纲常，沟通交流的时候难免会恃强凌弱，以大压小。即使强者、长者营造了一个平等的氛围，也难以消除地位不平等对双方心理造成的影响。因为强者要面子，弱者要尊严，所以双方很难平等交流。

不平等的沟通交流往往是失败的，这种失败并不是单向的，而是双向的，强弱双方都没有得到期望的结果。强者最终没有做到以理服人，还是用拳头说话；弱者最终也没有做到据理力争，还是依靠赞同来表达自己的顺从。

有些领导缺乏包容心，喜欢居高临下发号施令，这样就失去了平等沟通交流的支点。有些下属谨小慎微，总是通过揣摩领导的意图来表达自己的观点，这样也会损害沟通交流的质量。

有人对比希特勒和丘吉尔，认为他们两人的领导风格都很强势，但是丘吉尔是一个有包容心的领导，所以下属可以平等地和他争得不可开交。丘吉尔的参谋长评价丘吉尔，说他一天能产生十个新主意，但是只有一个是对的。丘吉尔也批评自己的参谋长，说他一天有一百个新主意，只有五六个是对的。这种相互攻击并没有损害他们之间的沟通质量，反而提高了决策质量。希特勒却不一样，一言九鼎，几乎不允许有人和他平等交流，导致他出现了明显的决策失误也没有人敢提出来。

平等作为沟通交流的支点，只要认真去找，还是能找到的。譬如国与国之间要相互尊重主权，人和人之间要遵守基本的道德规范，这些都是可以依托的支点。

对于普通人而言，找到平等沟通交流的支点的途径更多。当我们要说服一个人的时候，首先想到的不应该是自身观点是否正确，对方能否接受，而是应该考虑我们要以什么样的身份和对方交流，双方是否平等。当孩子坚持一个错误的观点时，我们应该以父母的身份和孩子交流，还是以朋友的身份和孩子交流？这取决于哪一个选择更能体现双方地位的平等。

沟通交流的支点是平等，那么沟通交流要做的第一件事就是找到这个支点。建立平等支点的途径有很多，譬如共同的学习工作经历、共同的朋友、地缘或是血缘方面的联系，甚至是双方共同的敌人或对手。这些途径要想利用好，需要事先进行一定的准备，也需要一定的方法。

不平等是客观存在的，因此寻找平等只是为了建立一个沟通交流的途径，不能期望实现绝对的平等。作为强者的一方，应该表现出高姿态；作为弱者的一方，应该谨慎地维护这个场域。就像古装戏里经常出现的场面一样，大臣在进谏之前，一般要做点铺垫：“微臣有一句话，不知当讲不当讲？”大度一点的皇帝就会说：“恕你无罪。”接下来，大臣也不敢放飞自我，说话还是要字斟句酌，要是把皇帝说恼了，就真的有罪了。

沟通是解决问题的途径

我周末给企业家朋友讲课时，有位年轻的企业家小A分享了自己的一段经历。在他创业最艰难的时候，有一天突然接到了老婆打来的电话。

“你在哪里？咱们去办理离婚吧。”

“我在等着见客户呢，能不能换个时间再说？”

“不行，我必须见到你。如果你不见我，我就会不停地给你打电话。”

“好，你来吧，我给你发一个定位。”小A知道自己老婆的脾气是说到做到，只好先把客户推掉。

老婆对小A不满已经有一段时间了。小A一直忙于工作顾不上照顾家庭，没想到他老婆今天态度这么坚决。两个人见面之后，无论小A怎么说，他老婆都坚持要离婚。小A没有办法，只好跟老婆一起来到民政局。民政局的工作人员问他们夫妻两人财产分割好了没有，小A说财产都在他老婆名下，不用分割。工作人员说无论财产在谁名下都要先进行财产分割，还有孩子的抚养权、抚养费等很多问题，建议他们协商好了再来办理离婚。

两个人没有办法，只好先去吃午饭。午饭的时候两个人做了进一步的沟通，这时候小A才知道原来老婆对自己的积怨已经很深了。按照小A老婆的说法，她现在在过一种丧偶式的婚姻生活。每天除了工作之外，她还要独自带孩子，几乎没有和小A交流的时间。

小A除了承认错误，表示理解之外，也为自己辩解：自己也是为了这个家，为了让她们母女两人幸福地生活。自己每天在外打拼，也非常累，也想休息，但是创业正值关键时期，他一点都不敢懈怠。没想到老婆根本就不同意他的说法，认为小A的努力完全是为了他自己，照这样下去，哪怕就是他创业成功了，也会扔下她们母女，另觅高枝。

人和人之间之所以出现矛盾，很重要的一个原因就是思考问题的角度不同。同样一座山，你在山南面阳光灿烂，我在山北面却阴暗潮湿。这个时候山南的你说的每一句对这座山的赞美，都转化成了对山北的我的刺激。小A的努力奋斗并没有感动老婆，没有让她感觉到可以安心地等待春暖花开，反而觉得枝叶飘零，寒冬将至。

每个在职场打拼的人几乎都遇到过同样的问题，只不过是问题轻一点或是重一点的区别。有位企业家告诉我，他早年参加过一个青年企业家班，后来这个班超过三分之一的人都离婚了。按照这位企业家的说法，创业是反人性的，很难获得家人的理解和支持。

我赞同这位企业家朋友对创业艰难的认识，但是我不太赞同创业对婚姻损害的必然性。出现这么高的离婚率，并不必然是创业导致的，而是双方缺乏有效沟通的结果。这种有效沟通的缺乏并不仅限于创业一方，也和对方有关。换句话说，如果双方缺乏有效的沟通，不创业也会遇到同样的问题。在沟通中，现实事件是客观存在的，对于现实事件往往会有很多种解读。

有一位朋友的婚姻出现了问题，原因在于对方认为他对家里的事情毫不关心。当我问起这位朋友的时候，他觉得自己是天大的冤枉。他觉得自己在外忙碌，没有时间照顾家庭是事实，但是自己尽可能地多赚钱，把花钱的事情交给对方，毕竟花钱要比赚钱容易。对方却认为他赚了点钱就做甩手掌柜，根本不考虑家中的具体事务，是一种不负责任的表现。

横看成岭侧成峰。无论什么关系，在沟通中信任和理解都是最重要的。就像《智子疑邻》中的富人，看自己的儿子怎么都顺眼，看邻居怎么都可疑。这种区别不是以事实为基础，而是以立场为基础的。这种立场的基石就是信任和理解。信任和理解不是从天上掉下来的，有些是天然形成的，譬如母亲对闺女的信任和理解就超过婆婆对儿媳的信任和理解；有些是身份造成的，譬如对同事的信任和理解就超过对客户的信任和理解；更多的是在沟通交流中形成的。

小A的问题在于，他们夫妻对同一件事情的认识不同，这种不同缘于长期缺乏沟通。我记得看过这样一个故事：夫妻俩向神仙许愿，丈夫想要一万两黄金，妻子却只要一百两。这个差异弄得神仙都有点搞不懂了，托梦给妻子，问她为什么不要一万两。妻子说一百两就能过上好日子了，如果有了一万两，丈夫一定会娶小老婆，所以不要也罢。

人和人之间如果缺乏沟通，带来的直接结果就是双方目标不一致，婚姻如此，职场也是如此。如果员工只是想做一天和尚撞一天钟，他就不会有长远的目标，老板辛辛苦苦邀请来的客户，可能因为员工的一个白眼就给赶跑了。从这个意义上讲，沟通是投入最少、收益最大的一项投资。

人和人之间之所以缺乏沟通，很重要的一个原因就是其中一方认为两人之间已经沟通过了，或者根本不需要沟通。这种单方面的认为非常有杀伤力，因为会被解读为你不屑于沟通，从而加深了对方的误解。

沟通还有一个特点：越是经常沟通的人就越觉得有事情应该及时沟通，越是长期不沟通的人越觉得没什么可沟通的。有时候双方长时间不沟通，坐在一起时都不知道说点什么好了。

好在小A是一个能说会道的人，一顿饭的工夫就把老婆哄好了。“代价”就是双方签了一个协议：每周晚上回家吃两次饭，每天早上带老婆一起晨跑。按照他的说法，原来他觉得很难做到的事情，真正做起来也不难。这点或许值得每一位分身乏术的创业者借鉴，毕竟时间就像海绵里的水，就看你想挤给谁了。

用嘴说话、用脑说话和用心说话

有一个妇人去请教神父：“我丈夫每天晚上酗酒回来都要打我，您看看有什么办法阻止他？”神父给她一个小瓶，告诉她一旦丈夫回到家就赶快喝一口，但是不要马上咽，要等到丈夫睡了才能咽下去。过了一段时间，妇人告诉神父：“您的圣水太有效了，这是什么神奇的法力啊？”神父说：“没有什么法力，就是普通的水，只要你含着不说话，就不会挨打。”

我们出生后学习说话可能用了一年，但是学习不说话需要用一生的时间。外部世界就像那个酗酒的丈夫，不管我们多么疼他，只要一说话，他就会痛打我们一顿。忍住不说话是一件非常困难的事情，因为有时候那种不吐不快的感觉令人窒息。

我们生活在一个三维空间里面，时间是第四维，高维总是无情地碾压低维。我们今天觉得天大的事，必须要说的话，如果放到历史的长河里，简直不值一提。更何况，当对方已经下定决心的时候，你说什么都已经不重要了。

认同理论认为，按照三分法，人说话也分为三种：用嘴说话、用脑说话和用心说话。

用嘴说话的人最轻松，东一榔头西一棒子，说到哪里算哪里，也没有什么深度。时间长了，大家都对这样的人放松警惕了。这样的人成不了大事，也没有人赋予他重大的责任，反倒落得一个轻松自在。

用脑说话的人比较多，字斟句酌，慢声慢语，仿佛每个字都是花钱买来的。历史上的读书人往往如此，所以读书人当了官坐在大堂上都不随便讲话。如果官员说话像说相声似的，那就会被人讥笑，贵人话语迟嘛。现在的读书人就不一样了，光有学问不行，还要会讲。

用心说话的风险就更大了。人一旦用心，就难免带着情绪，就会比较顽固，不撞南墙不回头。这种人的嘴和脑子都不重要了，因为心的力量太强大了。曾经看到两个人吵架，一开始甲方明显占理，但是乙方胡搅蛮缠。甲方受不了了，情绪激动之下骂了乙方一句，形势就逆转了。乙方不再说原来自己不占理的事情，开始追究甲方辱骂自己的责任。红口白牙，证据确凿，最后甲方不得不服软认输。这就是用心说话的弊端，关键时刻容易控制不住自己。

如何克服精神抑郁?

人难免有七情六欲，没有了这些人生也就没有了意义，但是人也不能过度沉浸在情绪里面不能自拔。我有一个朋友，父亲去世很多年了，他至今还是不能接受这个事实。每到节假日或是夜深人静的时候，就会看到他在朋友圈发的怀念父亲的文字，我知道他还是没有从悲伤中走出来。这种情绪如果不能及时排解，肯定会影响他的心情，时间长了甚至会影响他的身体健康。

当陷入某种负面情绪不能自拔的时候，要讲道理、讲慈悲、讲礼法、讲道德。这四种方式虽然讲起来很容易，但真正做起来不是那么容易的。

解铃还须系铃人。消解负面情绪，还须了解这些情绪的来源。情绪的产生，一般有三种原因：一是拒绝，内心对很多事情不能接受，因此就会产生自责、气愤和懊悔的情绪；二是酝酿，有些事情本来并不是太大，一再地胡思乱想并沉浸其中，结果情绪不可控制了；三是传递，本来自己的情绪控制住了，但是因为别人还有情绪，相互影响，情绪又重新起来了。这三种原因相互影响，如果没有内在的自我觉察，负面情绪就会从星星之火，形成燎原之势。

首先是拒绝。有的人生病了会非常气愤，觉得自己已经够注意了，结果还是得病了，而那些胡吃海喝的人竟然健健康康的，实在是不公平。还有的人病了以后不是气愤，而是自责："早知道会生病，我为什么不多运动一点，少糟蹋点身体，我为什么这么笨呢!"这种气愤和自责没有任何意义，因为事情已经发生了，我们只能去接受现实。内心任何拒绝接受的想法都会加重自己的负担，使情绪越发不好，也不利于疾病的治疗。拒绝是没有意义的，要懂得以理化情，要讲道理、讲规律，而不是一味地发泄。

接受规律、接受现实是每个人的必修课。小孩子看到天上下雨会哭闹，因为下雨影响了他出去玩耍，但是成年人不会做出这样的举动。在上天眼里，人类就是那个孩子，对于客观规律也不愿意接受。要知道生老病死、悲欢离合，不会因为你拒绝接受而有任何改变。

其次是酝酿。情绪最怕的就是酝酿，本来是一粒芝麻，酝酿时间长了就成了西瓜。所谓酝酿，就是沿着一种情绪不停地深入联想，并沉浸其中的过程。

有一段时间，我是学院的安全负责人。有天晚上我接到学校保卫处的电话，说有一个博士后可能在宿舍出事了，需要我过去看一看。我听了也很紧张，第一时间过去落实，到了宿舍发现博士后好好的，没有任何问题。后来才知道这件事是男女朋友闹矛盾引起的。因为一方不接另外一方的电话，另外一方越是联系不上就越紧张，以为对方发生了意外，所以就报了警。这真是天下本无事，庸人自扰之。

我们一旦发现自己的情绪正在酝酿，一定要及时斩断，不能任由其发展。很多年轻人因为一些鸡毛蒜皮的事情打得不可开交，很大程度上都是因为情绪的酝酿。如果给他们一个冷静的机会，估计很多非理性的行为都不会发生。

斩断情绪的酝酿不是无情的表现，很多人为了表现自己的愤怒或悲伤，使一些本来可以消除的情绪蔓延开来，这是无益的。当问题发生的时候，最需要的是冷静面对，而不是发泄情绪，这应该是成年人对自己的一个基本要求。

最后是传递。人的情绪是可以传递的，这是同情心最为直接的表现。看电影的时候会有这种感觉：一开始大家的情绪都是平静的，随着情节的发展，人们慢慢地进入角色存在的空间，最终形成情绪上的同步。

一人向隅，满座不乐。当一个环境里面有一个人情绪不稳定时，就会传染给其他人。有的人碰到一点事情就弄得全世界鸡犬不宁；有的人无论遇到多么大的问题，都是自己默默忍受。考虑到自己的情绪可能对别人造成的影响，后者可能是一种更加负责任的做法。

很多人的情绪来源于原生家庭，很大程度上都是情绪传递的结果。如果一个人的家庭氛围不好，自然就很难有良好的情绪。长时间处于一种情绪状态，就会对一个人的性格产生影响，成为伴随他一生的印记。

如何不被情绪绑架？一定要学会拒绝，斩断情绪的酝酿与传递，不要被情绪所左右。这样做不仅是为了自己，也为了深爱你的家人和朋友，使他们免受你不良情绪的影响。

情绪调节不当，容易产生精神抑郁。如果你周围的某个人不太愿意参加社会活动，情绪低落，有可能是出现了精神抑郁。根据《柳叶刀-世界精神病学协会抑郁症重大报告》，全世界每年有5%的成年人患抑郁症。糟糕的是，抑郁症会导致自伤自杀。因为大多数人对抑郁症缺乏清晰的认知，导致抑郁症在现实生活中没有引起人们的关注。

重视外在的行为和结果，忽略内心的疏解，已经成为社会的常态。

在抑郁症早期，很多人的感觉就是心里堵，但是不知道为什么堵，更不知道如何排解。时间长了，就会逐渐转变为功能性障碍，开始出现失眠、厌食、乏力等症状。一旦出现功能性障碍，患者就成了任人宰割的羔羊，很难摆脱抑郁症的折磨。

如何克服精神抑郁？现在有很多专门的治疗机构，可惜的是，由于抑郁症病因未明，很难有立竿见影的治疗方法。认同理论认为每个人体内都有三个人，这三个人有着不同的判断标准。人的身体之所以出现各种不适甚至是疾病，很大程度上是因为三者之间不协调，导致内部秩序发生了混乱。

一个人要想避免身体内部出现混乱，就要具备对自身进行梳理和调节的能力。这种能力不是从天上掉下来的，需要通过学习和练习来实现。要想克服精神抑郁，首先要有自我对话的能力。一个人必须学会自己和自己对话，只有实现了自我对话，才能不断地了解自己。了解自己的行为、思维和意愿处于什么样的状态；三者之间是否协调；遇到的问题主要涉及哪个方面；需要对哪个方面进行调整。身体、大脑和心灵要不断地进行对话，三者不要做敌人，要做朋友。

在日常生活中，我们的眼睛是向外的，花了太多的时间关注外界，没有很好地去审视自己。内省的缺乏，加上各种超负荷的冗余信息，使我们成了最不了解自己的人。说到世界格局、国家大事、娱乐新闻我们头头是道，一说到自己就是一团混沌。

学会把自己分解为三个人，学会自己和自己对话，才能真正地了解自己。每一种病症，如果不了解它的机理的话，就不可能有有效的治疗方案。抑郁症是一种病因未明的情感障碍，很难从机理上直接观察，所以需要经常和自己对话，了解自己，平衡自己。

为了预防因身体内部的混乱导致出现不明原因的心理问

题，我们要经常调动自身内在的三个人进行对话。身体的不适有可能成为思想的障碍，工作的难题有可能成为心灵的阴影，只有进行内部交流，才能厘清三者的关系。三者的关系厘清了，内在就清晰了，就不会使某一方面的问题演变成整体的问题。

有的人吃穿不愁，也没有什么压力，甚至都没有什么欲望，也出现了抑郁的症状，这是为什么呢？因为抑郁和贫富无关，有时候抑郁是缺乏人生目标导致的。

虽然内在的三个人形成了清晰的沟通交流机制，但是并不能完全解决心理问题，还需要外部的牵引。内在的三个人如果没有共同的目标，各唱各的调，各走各的道，难免发生冲突。当有了共同的目标，真、善、美的冲突就可以得到很好的解决。

为什么抑郁症患者越来越多？除了因为缺乏自我对话的能力之外，还因为失去了生活的目标。一个人如果失去了生活的目标，人生也就失去了意义，就更难以承受外部的压力了。

不管你拥有多少金钱，如果失去了生活的目标，就容易产生抑郁的情绪。对于很多轻度抑郁的患者而言，最重要的不是治病，而是找到生活的目标，这才是治疗抑郁症的良药。

现代人要学会自医

宏观世界充满了危机，微观世界也不容乐观。旧的疾病还没有攻克，新的疾病又层出不穷，每个人都要面对疾病的困扰。

有人说养身先养心，也有人说情绪是所有疾病的根源，疾病往往是从压抑、恐惧、焦虑和悲伤等开始的。如果年轻的时候有人这么说，我肯定嗤之以鼻，认为这不过是一种臆想出来的理论。随着年龄的增长，回顾自身的健康状况，不得不承认身心之间存在着密切的关系。有的人身体一直很好，但是因为某种家庭变故，突然之间就生病了；有的人一直处于焦虑和紧张的状态，最终身体也出现了问题。

要想克服心理抑郁，需要掌握认同循环，认清楚内在的三个人，实现自己和自己对话。事实上，不仅是心理疾病，生理疾病也能从心理上找到原因。从心理出发，才会明白什么是养生，才不会因为养生而害生。客观地说，在出现实质性病变之前，有些问题医院并不能发现，更不能帮你解决。如果借助一些医疗手段解决问题，就不得不承受伴随的副作用。有人常年服用安眠药辅助睡眠，用降压药控制血压，这些药物在帮助我们达到目的的同时，也在不知不觉中损害着我们机体的健康。

一个人最了解的应该就是自己。无论是生活习惯，还是脾气秉性，甚至是理想，这些不为外人所知的事情，只有自己心里明白。如果要从根本上调节自己，就要了解自己的一切。我们之所以很多时候不能做出改善，是因为缺乏自我反思和自我调整的能力。

譬如损害身体方面，熬夜、暴食、酗酒等等这些行为都是身体健康的隐形杀手。如果能够早点上床休息、注意控制饮食、减少烟酒摄入、适当进行体育锻炼，那么任何人都能改善自己的健康状况。可惜，大多数人有各种各样的理由坚持损害自己的身体，比如认为自己工作太多没有时间休息、营养不足需要多吃、不能驳了朋友的面子等。

心理方面，层出不穷的欲望、或多或少的负面情绪也在侵蚀着人们的内心。可惜能够做到知足常乐，懂得宽恕别人，有自己价值理念的人太少了。大多数人在追求权力、金钱和名望中迷失了自己。如果一个人的内心已经被侵蚀，也就失去了自我反思的能力。

理性方面，失去了理性的人在各种问题上往往人云亦云，似乎失去了独立思考的能力。这类人真正开始独立思考的时候，往往是为了私利绞尽脑汁时。

无论是身体的习惯、心理的欲望，还是心灵的迷失，都不能寄希望于别人，而是要靠自己去调整。癌症患者经常要先进行化疗，抑制住病情后，再动手术去掉病灶。我们在治病的时候，如果只是借助外部力量，就像是前期进行的化疗，只能解决那些显现出来的问题，并没有最终去掉病灶。只要这些病灶还存在，就不会真正恢复健康。

怎样医治自己？还是需要身、脑、心的结合，实现认同循环。当认识到自己有损害身体健康的习惯时，不仅需要身体做出调整，还要有内心和大脑的支持。需要大脑分析利弊、内心提供动力，只有三者结合起来才能改变自己的生活习惯，健康地生活。当然，如果要调整自己的内心，也需要身体和大脑的配合。要想达到一个良好的精神状态，需要锻炼身体，减少酒精等不利于健康的物质的摄入，也需要大脑做出有关利害得失的判断。同理，如果要改变自己的思维方式，也需要身心协调，认识到和其他人建立良好关系的重要性。

没有人可以预知未来，但是每个人都了解自己。为了自己的健康，再难也要学会自医。

第五章

认同的实践

认同是一个动态的过程，我们今天内在和谐统一不代表明天也能和谐统一，所以需要不断自我觉察和提升。在错综复杂的社会环境里，个人、组织和社会是相互联系、相互影响的，个人的自我认同是所有认同的根基。

在个人的自我认同循环中，找到自我的良知，形成内在的浩然之气，也就奠定了认同的坚实基础。同时，通过对外界的观察和内在的反思，实现内与外的联结。有时候社会认同会影响自我认同，有时候自我认同会有助于社会认同。只要将世界看作一个整体，我们就会实现自我认同，最终实现组织认同和社会认同。

实现认同不是人生的目标，幸福才是。在认同中实现幸福，在幸福中寻找认同。

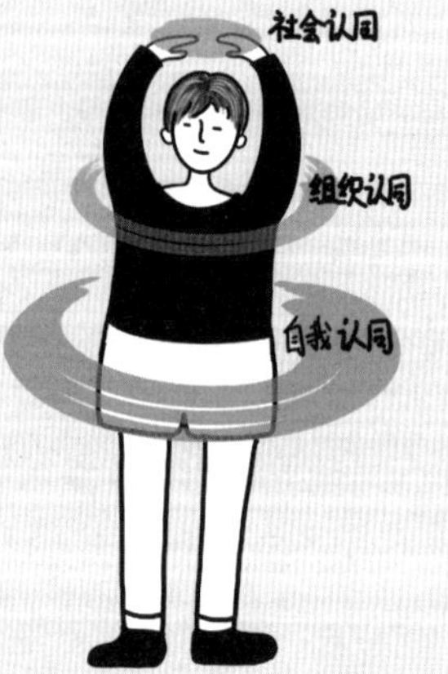

人的三种价值

一个人对另外一个人而言，一般有三种价值：劳动价值、思想价值和情感价值。一个人的这三种价值越大，对另外一个人的吸引力就越大，在两者的关系中就具有越高的支配地位。

劳动价值来源于一方为另一方提供的产品或服务，它是具体、可衡量的，也是对方所需要的。譬如我们的衣食住行都要通过劳动价值的提供者来满足，缺少了这些劳动价值的提供者，我们就很难生存下去。这些劳动价值有些来源于有偿的交换，你为我服务，我也为你服务；有些来源于无偿的提供，譬如父母对子女。无论是有偿的交换还是无偿的提供，这种劳动价值是每个人必须具备的。

思想价值来源于一方为另一方所提供的知识，它是一种无形的价值。这种思想价值很难衡量，有时候我们获得了某种思想价值，但是自己并未觉察到它的重要性，甚至都不知道它的存在。近朱者赤，近墨者黑。在不同的环境中，我们接触着不同的思想。虽然思想价值很难衡量，但是它有一定的惯性，当一个人长期接触某种思想，他就逐渐认同了这种思想的价值。

情感价值来源于一方对另一方的情感寄托和依赖，它虽然不可衡量，但是却非常明显地存在着。情感价值一旦形成，就会产生一定的依赖性，这种依赖性越强，情感价值就越大。和劳动价值不同，情感价值不是建立在理性的基础上的，因此具有更大的不确定性。虽然情感价值不像劳动价值那样不可或缺，但是对一个人人生意义的建构具有重要的价值。

每个人能够提供的价值是不同的，不同的人给出的价值评估也是不同的，这就使每个人在评估自己的价值时缺少评估框架和参照系。在这样的背景下，我们可以看到有的人虽然能提供的价值很少，但是却非常自信；有的人虽然有很高的价值，但是却非常谦逊甚至是自卑。我们希望能够通过一定的方式来看清楚自己的实际价值，也希望能够明白别人对我们的价值是如何评估的。

在认同理论看来，劳动价值来源于身体的行为，思想价值来源于大脑的思维，情感价值来源于内心的意愿。

一个人的行为能力越强，能提供的劳动价值越大，在人和人的相处过程中，能为对方提供的服务越多，越具有劳动价值。人的一生中能够提供的劳动价值是有限的。过于年幼或是年老都无法提供高质量的劳动价值，只有青壮年时期才具备创造劳动价值的条件，所以劳动价值并不能使你对另外一个人保持长久的吸引力。

在创新为王的现代社会，思想价值的重要性不断提升。和劳动价值不同，虽然人的一生中思想价值也有起伏，但是核心还在于自己的思想是否能够与时俱进，这并不完全和年龄相关。有的人虽然年轻，但是思想却已固化；有的人虽然已经年迈，但依旧拥有很强的思想穿透力。

思想价值之所以难以衡量，是因为彼之砒霜，我之蜜糖。同样一种有价值的思想，有的人能够拿来指导自己的工作和生活，有的人却弃之如敝屣，还有的人甚至视之为洪水猛兽。所以，作为思想价值的输出者，要懂得在思想输出的时候，根据不同的场所、对象和环境有所取舍。要对别人产生思想价值，就要做到孙子所说的“知己知彼”，也要做到孔子所说的“道不同不相为谋”。

情感价值虽然不可衡量但是却显而易见，一个人的情感越丰富，具有的情感价值就越大。不同的人对待情感是不一样的，有的人感情充沛，有的人薄情寡义。当我们输出自己的情感价值的时候，首先要对对方进行一定的判断，如果对方是个白眼儿狼，那么你对他投入再多的情感也是无用的。

相较于劳动价值和思想价值，情感价值的功利性相对弱一些，无论是亲情、友情还是爱情，在一定程度上都是不计回报的，甚至有时候是完全单向的。一个人如果能够和其他人建立起稳固的情感联系，也就具备了更强的社会网络与生存能力。

劳动价值、思想价值和情感价值并不是完全独立的。有的人因为爱慕对方的才华，因此会产生爱情；有的人因为认可对方的情感，因此会默默地付出劳动。当一个人的劳动价值、思想价值和情感价值对另外一个人都非常重要的时候，就会形成对另外一个人的绝对控制。譬如孩子对父母，无论是他们的生活起居，还是思想教育，甚至是情感寄托，都离不开父母。然而，随着孩子逐渐成长，父母的劳动价值和思想价值都会随之降低，对于孩子更多的是情感价值。虽然情感价值很重要，但是要想保持和孩子幼小时一样的亲密关系是不现实的，也是不可能的。

在价值的刚性上，劳动价值和情感价值明显要优于思想价值，但是从时间维度来看，思想价值在一个人死后依然能够让人铭记，这是劳动价值和情感价值所不具备的。所以，现实的人往往会注重劳动价值和情感价值，而那些具有更高目标的人往往会追求思想价值。

你是那个自带春风的人吗？

朋友老王邀请我周末去吃饭，按说一起聊聊天放松一下是件好事，可我内心却没有什么期待，甚至有点不情愿。老王算是事业有成，为人也不错，但有一个毛病，就是看谁都不顺眼。他动不动就变脸，不是和朋友抬杠，就是训斥服务员，反正很少有和和气气吃完一顿饭的时候。就因为老王这样的脾气，大家和他说话都小心翼翼的，熟悉的餐厅服务员也躲着他，他却引以为豪。

我劝过老王很多次，大家聚会都为了愉快，有些小事情不要太在意。老王双眉一挑，双眼圆睁："那不行，我就不愿意惯这帮人的熊毛病。"我认为自己已经够好为人师了，没想到老王比我还豁得出去，不惜牺牲自己的形象去教育别人。和他吃饭，就像坐在火山口上，不知道什么时候就要喷发。每次老王要和我一起吃饭，我就觉得要接受一次面子和耐心的考验。

我们单位的老李和老王不一样，老李不太喜欢发脾气，至少脸上经常带着一丝笑容，可是他的笑容总让人有一种阴森的感觉。老李平常在单位和人谈事情总是一副大度的样子，仿佛什么也不争，不过一旦没有占到便宜，他就会通过各种方式表达他的不满，甚至不惜向上级部门告状。时间长了，大家都知道老李不好惹，遇到事情自然对他退避三舍。

无论是饭局上的老王，还是单位中的老李，他们都深受自身性格的影响。作为周围的人，每次遇到他们我都有一种很不舒适的感觉。他们的存在使冬天变得更冷，夏天变得更热，总之他们有一种场域，让所有事情向坏的方向发展。据我观察，虽然他们得到了一些所谓实惠，但是也失去了与他人之间基本的亲密感。

这次吃饭老王安排在敬贤楼，刚进饭店就看到一位“好汉”在大厅张罗指挥，听语气像是刚刚接管了这家饭店一样。上楼梯的时候，这位“好汉”从后面大步抢到我前面，回头轻蔑地横了我一眼，然后摇晃着上楼了。进了包间，看见老王已经坐在那里了，没想到大厅那位“好汉”也在。老王介绍说这是他们单位新提拔的副手，带来给朋友们认识一下。这位“好汉”一看是我，略有点尴尬，忙抢上前握手。

接下来一顿饭的时间，这位副手端茶倒水格外殷勤。让人很难想象眼前的这只“小猫”，就是刚才大厅里的“大老虎”。看着老王慈爱的目光，心想也只有老王才能“驯化”出这样的手下。这张脸从大厅里面的寒冬，变成了包间里面的春天，让人不禁有恍若隔世的感觉。

看着老王和他的手下，再想想我们单位的老李，越发想念老田同志。老田同志是那种自带春风的人，只要你遇见他，就会很快感觉到轻松和快乐。无论是遇到挑剔的朋友，还是出言不逊的陌生人，老田同志总是能够让他们沐浴在和暖的春风里。老田同志就像一位技术高超的乒乓球选手，无论对手打出何种刁钻古怪的球，他都能够轻松地应对，把一场即将发生的灾难转化为精彩的表演。

在我的生命旅程中，遇到的这种自带春风的人并不是很多，但是每次遇到他们，我都会感谢生活的美好。人生已经充满了苦难和挫折，这些自带春风的人给我们以慰藉和快乐。有时候我也在想：如何才能做一个自带春风的人呢？

在春天的原野上，既有高大的树木，也有低矮的茅草。春天是一个万物生长的季节，在这样的季节里，需要有博大的胸怀去包容，才会有生机盎然的景象。我们经常会遇到他人有意无意的挑衅，当我们不去针锋相对而是采取包容的态度时，就会得到不一样的结果。包容不会使我们显得软弱，反而会使我们更加强大。要想做一个自带春风的人，包容是第一条原则。

春风吹来的时候，不是有选择性地吹过，而是唤醒整个大地。一个自带春风的人不但要关注自身，还要关心周围的每一个人，关心自己所在的整体场域。当一个人愿意用心去维护一个整体场域的时候，他就变成了春风的源头。每个人的心就像一件精美的瓷器，焕发光彩的同时也容易破碎。努力呵护每一个人的感受，不要忽视任何一个人的声音，顾全大局，才会带动更多的人共同为维护场域做出贡献。

要想做到自带春风，不仅要有美好的想法，还要有一些基本的知识储备。要能够迅速厘清一个场域里所有人的关系，能够准确识别不同人的情绪，能够选择有最大公约数的话题，能够掌握一些自嘲的方法。要想维护一个整体场域不是随随便便就可以做到的，不仅要有眼观六路、耳听八方的本事，还要有等待剧情发展的耐心和掌握剧情发展的技巧。

没有人不喜欢春天，但并不是所有人都喜欢营造春天的氛围。像老王和老李一样，他们关注的不是场域，不是氛围，而是自己的利益。当一个人把利益当作一切的时候，他的视域已经变成了一条黑暗的隧道。他指望着从这条隧道里面挖出黄金，却不知道这条隧道只会将他带往更幽深的黑暗。一个不能带给别人春风的人，总有一天会感受到这个世界的寒冷。到那个时候，所有的利益都换不回曾经那个温暖的场域。

那些自带春风的人虽然也有自己的艰辛，但是他们却总是乐此不疲。这个世界不会忽视他们的努力，会以更多的春风来回报他们。这就是世界美好的原因，也是善所追求的境界。如果我们想要这个世界更美好，那么请用春风来回报那些自带春风的人吧。

内向不是你的错

内部开总结会，有一位同事反思自己太急躁了，导致最近工作上出现了一些问题。我觉得很奇怪，因为在我的印象中，她是特别内向文静型的。不过从周围同事的反应来看，大家都认同她的自我反思，这说明以前我对她的了解还不够全面。

回想了一下，这不是我第一次看错人了。有一次搬家，请一个从小一起长大的小伙伴帮忙，他说：“你不要管了，忙你的去，我带几个自己的兄弟就行。”搬家那天我还是不放心，因为在我的印象里面，这个小兄弟比较腼腆，我怕他协调不了。结果让我大跌眼镜，小兄弟指挥得有条不紊，颇有大将风范。我后来问他：“你原来不是这样啊？”他不好意思地说：“从小就听你的，习惯了，在你面前施展不开。”

我恍然大悟，不但更加了解这个兄弟了，而且觉得自己也有同样的问题。在有些场合，觉得自己信马由缰、游刃有余，天上的事情知道一半，地上的事情全知道；在另外一些场合，觉得自己就像是个小学生，手放在前面怕没有礼貌，手背到后面怕显得骄傲。改变我的其实不是我自己，而是我所在的场域。

当我们将视线过多地集中在自身的时候，场域就开始挤压我们的内在空间，在别人眼里我们就成了一个内向的人。当我们放下自己，将注意力向外，我们就成了整体的一部分，成了一个外向的人。这种转变是我们和外部环境互动的结果，大多数时候主动权不在外界，而在我们内心。

曾经有个同事，工作中我们很少说话，尤其是个人方面的事情。有一次年终聚餐，他多喝了一点酒，就不停地拉着我说话。从我们的感情到他自己的岗位，天上一脚地上一脚地说个没完，一点都没有了平时的内向。有人说喝酒就是一个摘面具的过程，喝得越多摘得越彻底，不过我觉得喝酒更像是一个打开自我内心的过程，心打开了，话就多了。

鲁迅通过描写闰土，记录了社会环境塑造一个人的过程。当闰土是一个孩子的时候，他是那么的活泼可爱，两个人有着说不完的话。当闰土成年之后，却变成了另外一个样子，小说中是这样描述两个人见面的情形的："他站住了，脸上现出欢喜和凄凉的神情；动着嘴唇，却没有作声。他的态度终于恭敬起来了，分明的叫道：'老爷！……'"

闰土的心已经死了，在年少的时候，人的世界是相对平等的，甚至老爷和下人都一样。当长大成人之后，社会的阶层和财富慢慢左右了人们之间的关系，蒙蔽了大家的心灵。知道尊卑贵贱是成年人的一项基本技能，而这项基本技能的背后，就是在不同的人面前展现出不同的性格。内向对有些人来说，是性格使然，但是对大多数人来说，只是不同场域下内心的一种选择。

就像闰土"大约只是觉得苦，却又形容不出"一样，很多人的内向是被动的。或许是因为知道在某种场合自己没有发言的权利，或许是因为自己的发言会不合时宜，或许是因为明白有些话说了也没有太大的意义……与其自讨没趣，还不如趁早承认自己内向，大家都好收场。

在一个组织里面，一个人不爱讲话可能是这个人的性格问题，如果大家都不爱讲话，那就是场域的问题了。让别人讲话是一门领导艺术，不让别人讲话也是一门领导艺术。

领导力高的人在大家的嘴上装了一个开关，他希望大家说话的时候大家就说个不停，他希望大家停下来的时候大家就戛然而止。领导力低的人刚好相反，他希望大家说话的时候大家缄默不语，他不希望大家说话的时候大家却刹不住车。做一个领导力高的人有点难，做一个领导力低的人面子上又过不去，所以很多领导选择了不高不低的做法——尽量不鼓励大家说话。在这样的场域，还是有人愿意说话。要做到既要说话，又不使领导反感，最好的做法就是顺着领导的想法说。于是有些座谈会就变成了关于领导如何英明的论证会，大家遣词造句歌功颂德。那些有点自己的看法，也还有几根傲骨的人只好认输，承认自己有点内向。

内向的人不是能力差，更不是傻瓜。当别人夸夸其谈的时候，内向的人心里即便有一千个理由可以反驳，也不会付诸行动。即使有时候实在忍不住说几句，也被别人认为是不值一驳的浅见。时间长了，索性真的成了一个内向的人，正应了那句话："哀莫大于心死。"

内向不是你的错，错的是场域，但是如果你一定要加入一个错误的场域，那就是你的错了。人世间既有艳阳高照，也有淫雨霏霏。艳阳高照的时候播种、收割，淫雨霏霏的时候品茶、对弈是理性的。如果一定要在下雨的时候收割，晴天的时候品茶，那就不能怨老天不公了。孔子说的"用之则行，舍之则藏"就是这个道理。

从组织和社会的角度来说，营造一个开放的场域才能使大家畅所欲言，将很多问题消解于未然。譬如有人盖了新房子，别人建议说，烟囱最好加个弯道，柴火离厨房远一点。主人听了很不高兴，结果最后房子真的着了火。"曲突徙薪无恩泽，焦头烂额为上客。"世界上的事往往如此，不让别人说话，也就错过了很多改正错误的机会。

实现认同就是塑造一个自我的内在环境，在身心平衡的条件下实现理性的增长。利用自己的理性，搭建一个属于自己的身心自由的空间，不被外在的环境困扰，建立自己开放的场域。这样，我们的缄默就不再是内向，而是一种适应外在环境的手段。

每个人都是一个太阳系

有位朋友情绪经常会有些波动，开心的时候觉得什么都有意思，不开心的时候觉得活着都是多余。别人说什么、做什么，都会给他带来困扰，打乱他的节奏。遇到优秀的人他感觉有压力，遇到愚蠢的人他感到很郁闷，反正就是一个字：烦。

我们都是凡人，情绪有起伏是正常的，但是过于情绪化就不正常了。作为朋友，我想就情绪管理方面的问题和他交流一下，希望能够对他有所帮助。我担心会刺激到他，所以谈话没有直入主题，而是抛开现实，先聊一聊太阳系是怎样运行的。

按照天文学的定义：太阳系是太阳和以太阳为中心、受它的引力支配而环绕它运动的天体所构成的系统。太阳系主要由一颗恒星——太阳和八大行星及其卫星和无数的小行星、彗星、流星等组成。在这个大家族里面，太阳是相对固定的，行星环绕太阳运行，卫星围绕行星运动。太阳是这个系统的中心。

万物一理，太阳系和人一样，一个人的心就是他的太阳。

一个人能不能正常生活，要看他的心是否光明，是否可以保持定力。一个心里缺乏光明的人，就会生活在黑暗之中，寒冷而孤僻。一个心不静的人，他的行为和思维就失去了参照物，就会迷失在纷繁复杂的世界中，随波逐流。要把自己的心当作太阳，既要充满光明，又要有定力，因为人心一动，万念俱生。

当一个人的心灵是光明而有定力的，他就会散发出持久的光芒，带动自己的思维和行为平稳运行。王阳明老年的时候，别人要卖给他一块地，他觉得对方可怜，给了对方一些钱，但是没有要这块地。后来他路过这块地的时候，发现这是一块风水宝地，于是有点后悔。直到晚上吃饭的时候，王阳明才平静下来，说："真难啊，好不容易让自己的心恢复平静了。"有些时候本来是在做一件好事，结果内心的私欲一闪现，把自己的努力全给破坏了。

古时候有位大臣深受重用，但是有同僚却觉得他修为不够。有人给他送礼，他每次都拒收，但是送礼的人走后，他都会对仆人大发脾气。虽然他能够严格要求自己不收礼，但是内心却因为没有得到礼物而难受，这就是心动产生的副作用。像他这种情况，之所以不贪财，只不过是因为求名的心压过了求财的心而已，并不是真正的不动心。

一颗有定力的心并不是生来就有的，是逐步形成的。年轻人的心就像形成时期的太阳，有一些波动是难免的，要认识到这是一种正常的现象。随着年龄的增长，心要慢慢地沉静，这就是人们经常说的成熟。需要注意的是，心沉静下来的时候，心中的光芒不要随之熄灭，而要更加璀璨。

在内心太阳的指引下，年轻人要重点培养自己的节奏和气场。什么是节奏？就是按照自己的目标、计划量力而行，不被外界左右。古龙在《多情剑客无情剑》中描写上官金虹和荆无命出场的一段，就是在描写一种节奏："这两人走路却很特别，后面的一人每一步踏下，却恰巧在前面一人的第一步和第二步之间。这四条腿看来就好像长在一个人身上似的。前面一人踏下第一步，后面一人踏下第二步，前面一人踏下第三步，后面一人踏下第四步，从来也没有走错一步。孙小红从来也没有看到过两个人像这样子走路的，她简直觉得新奇极了，也有趣极了。但李寻欢却一点也不觉得有趣。他非但不觉得有趣，反而觉得有些可怕。"［古龙：《古龙作品全集》（第十五卷），太白文艺出版社2003年版，第367页］李寻欢是高手，他知道节奏的重要性，高手过招首先要把握的就是节奏。下围棋讲究宁损十子，不失一先。失去先机就意味着失去主动权，强调的也是节奏的重要性。人生是一场马拉松，哪怕别人比自己领先了两圈，也不要耗尽一切精力去追，而是要按照自己的节奏，慢慢拉近彼此的距离。

什么是气场？气场更加玄妙，用现代语言来说就是一个人身上显现出的影响他人的气势。一个有气场的人不需要奇装异服，也不需要众星捧月，哪怕安静地坐在墙角，也会像一块磁铁一样，吸引大家的注意力。培养自己的气场，将内心塑造成太阳，沉静地照耀自己。

一个人没有了气场，也就基本丧失了领导能力。即使机缘巧合被推到了领导者的岗位上，开展工作也不会太顺利。正常情况下，一个有气场的人即使态度温和，也不会被攻击。因为自身的气场会给对方以巨大的威慑。《孙子兵法》云：“无邀正正之旗，勿击堂堂之陈。”一个气场强大的人，很多时候会不战而屈人之兵。

如果我们以身体为重，自然就会带动内心发生变化，这就颠倒了主次。这种颠倒不但会打乱自己的节奏，而且会损害自己的气场，随之而来的是整个体系的混乱。心作为恒星不会轻易变动，人之所以心动是因为过于看重外在的利益。“吾所以有大患者，为吾有身；及吾无身，吾有何患？”

虽然不知道未来会把我们带到什么地方，但是我们必须维持自身太阳系的稳定。我们要根据自己的节奏，形成自己的气场，成为一个像太阳系一样的人。

怎么发现别人对你不认同?

有没有发现原来经常见面的老朋友很久都不联系了?有没有发现原来常来提建议的同事来的少了?有没有发现别人和你说话不那么自然了?如果有这样的情况,那可能是别人对你产生了不认同。

认同是一种全身心的投入,自然而然地发生,自然而然地结束,一切尽在不言中。当我们获得别人认同的时候,获得的不仅是一种成就感,也是一种责任感。就像父母面对自己的孩子,医生面对自己的病人。每个人都渴望得到别人的认同,这是权力、金钱和名望所不能替代的,也是人超越自身的动力来源。

认同是一种乐于表达的情感,一旦有人认同你,自然会通过各种方式表达出来。无论是当面的尊重,还是背后的赞美,都是认同的体现。相反,不认同的表达方式更隐晦一些,以免招致不必要的麻烦。一个懂得自我认同的人,应该能够觉察到别人隐含的信息,这样才能准确地识别别人的态度,调整自己。

中国文化讲究非礼勿言，尤其是对长者和尊者，所以不认同的开始往往是别人变得客气，顾左右而言他。当年孟子见齐宣王，问：一个国家如果治理不好，该怎么对待这个国家的君王？这分明是守着和尚骂秃驴，齐宣王自然不太高兴。不过这齐宣王还是有点雅量的，没有发火，而是扭头开始说别的事情。

“顾左右而言他”是最初表现出来的不认同，往往发生在看破不说破的层面。这个时候大家还是心存善意的，面对违背自身原则的要求，又不便直接拒绝，就只好说点别的事情，保住大家的脸面。

行家讲究点到为止，这个“顾左右而言他”就是点到为止。如果别人不愿意继续讨论一个话题，最好还是就此打住。如果相互认同，一个话题抛出来，那就是干柴烈火，一拍就合。如果烧了半天还是浓烟滚滚，那就是火候不到，不可强为。

“顾左右而言他”说明对方虽然不认同，但还是保留了一定的善意，希望你能够领会到他的意思。如果再进一步，那就是“欲言又止”了，这是第二层面的不认同。

邻居家孩子有点小偷小摸的毛病，一开始有人和他父母说过几次，要他们多多注意，以免将来不可收拾。结果，邻居对人怒目相向，觉得自己的孩子根本就不会做出那样的事情，倒像是别人在败坏他们的名声。面对这样的态度，再看到这样的情况，别人也只好“欲言又止”了，因为大家知道提醒他们也改变不了他们的态度。

当对方“欲言又止”的时候，不认同的主动权在对方；当感觉对方“噤若寒蝉”的时候，那就要反省一下自身了。认同是发自内心的，如果内心被禁锢了，那么所有的认同都变得虚伪了。反对不自由，则赞美无意义，一旦进入这种状态，认同就渐行渐远了。

我认为，古代君主称孤道寡，恰恰反映了他们信息来源不畅的窘境。对来报好消息的人给予奖励，对来报坏消息的人呢？出了问题肯定要严惩，否则大家都不努力办差事。但是如果每次都严惩，那大家就会报喜不报忧，隐患更大。大多数君主最终还是选择了严惩来立威，因此下属渐渐就“噤若寒蝉”，无人愿意暴露问题了。

很多家长和孩子往往也有类似的经历，因为缺乏沟通和交流，一步一步失去了认同。刚开始的时候表现为不愿意直面问题，一旦遇到躲不开的问题，有的父母就认为是孩子该管教，而在这些父母眼里，没有什么事情是打一顿解决不了的，实在不行，就再打一顿。当相互之间的隔阂积攒到了一定程度，再遇到问题，孩子就不愿意向父母倾诉了。

“哀莫大于心死”是不认同的最后阶段。一旦心死，就失去了任何认同的可能。如果说“欲言又止”是停留在身体行为上，“噤若寒蝉”就是到了思维的层面，等到了心死的阶段，就是完成了一次不认同的顺向循环。这个循环完成，证明你和对方之间已经形成了难以逾越的鸿沟，要想再次获得认同就很难了。

一个组织刚开始建立时往往都具有很强的生命力，大家都怀着美好的愿望加入进来，做事情充满激情。随着组织的不断成长，遇到的问题越来越复杂，如果处理不好，大家就会越来越不愿意直面问题，这往往是失去认同的第一步。

一旦出现了问题没有及时解决，问题就会越来越严重，再遇到问题的时候，人就难免会心生顾忌，欲言又止。这样下去，问题就变成了禁区，禁区又慢慢地变成无人区，之后组织的某些地方就开始荒芜了。

当一个组织的领导者看到了问题所在，又不愿去解决的时候，组织就开始沉沦了。这个时候，组织成员为了自保开始为自己找出路，最后人去楼空，组织大势已去，彻底失去认同。

人为什么需要别人理解自己?

20世纪80年代曾经有一个热词“理解万岁”，几乎所有事情都可以拿这个词作为挡箭牌。人和人发生冲突时，经常会有人发出自己不被理解的慨叹。可是大多数人没有想过，当慨叹自己不被理解的时候，自己真正理解过别人吗?退一步讲，别人怎样做才算理解你呢?是给你心灵上的安慰，还是多一些利益上的分配?

很多人在利益分配不均的时候，总是会发出别人不理解自己的慨叹。其实这个时候与其说别人不理解自己，不如说别人没在利益上让着自己。很多时候，所谓理解不过是一种道德绑架，只有别人满足了自己的利益需求，才算是理解自己。羊很愿意理解狼，可是狼总觉得羊做得不够，连顿饱饭都不能满足自己。

很多事情一旦用“理解”这个词来解释的时候，往往已经存在着利益上的分歧，或是情感上的冲突。从根本上说，利益层面的分歧和相互理解没有任何关系，之所以用理解来解释，是因为大家不愿意将利益放到桌面上来谈。有家电视台有一个以调解为主题的节目，节目内容大多数是因为继承房产分配不均导致的兄弟姐妹反目。这些人在描述分歧的时候，都是说自己的利益没有得到保障，而且对方根本不理解自己的慷慨大度。“理解”这个词在这里成了利益的代名词，即谁能理解别人谁就要放弃利益，只有放弃利益才能证明自己理解别人。

在利益层面上，谈感情是没有意义的，还是用法律解决问题更简单。利用别人对自己的理解来争取利益，这不是现代社会解决问题的方式。当然，有时候理解不是为了利益，而是为了获得情感上的安慰，就像是年轻的男女朋友闹别扭，但这种行为更没有意义。如果对方真的可以理解你，不需要争取就能得到。如果别人不能理解你，那么你得到的不过是一种无关情感的安慰，而不是他人真实情感的反应。

既然从利益和情感方面去谈理解都没有意义，那么是不是我们就不需要别人的理解了呢？当然不是，只不过获得别人的理解一定要建立在自我理解的基础上。一个人首先要理解自己，然后才能被别人理解。这是什么意思呢？也就是说你内心要认同自己的所作所为，而不是心怀忐忑。很多人自己都不认同自己的行为，却希望得到别人的认同，这无异于缘木求鱼。

把获得别人的理解作为自我反思的起点，当一个人有了希望获得理解的念头，也就具备了纠正自己恶念的动力。一个小孩子，当希望父母理解自己的时候，就会努力读书；一个青年人，当希望恋人理解自己的时候，就会努力上进；一个中年人，当希望老板理解自己的时候，就会努力工作；一个老年人，当希望子女理解自己的时候，就会保重自己的身体。理解从形式上而言是没有意义的，只有自身从内心深处去反思，才会真正给人以力量。

中国是一个人情社会，遇到事情免不了要找关系，但是在找关系之前一定要想一想这样做对不对。有个好朋友找我，说他朋友的孩子因为在学校里欺凌同学被劝退了，问我能不能找人沟通一下。我说这要是我自己的孩子我都不去找学校，丢不起人，也对不起被欺凌的孩子。十六七岁就四个人合起伙来打一个人，这样的孩子还好意思在学校里待着吗？

当然，有一些事情要理解别人。譬如说有一位在清华附近干了很多年的理发师要离开北京了。我问他原因，他说自己的孩子到了上学年龄了，但是因为自己没有在海淀区交社保，所以附近根本没有学校可以接收孩子。他们夫妇从年轻的时候就在北京干理发，理发钱从十块涨到了现在的二十五块，他们也从小伙子小姑娘干到现在孩子都五六岁了。我很理解他们，可是我没有能力帮他们。这些打工人才是需要被理解的人。

我记得曾经看到有人说，身居高位的人做出一个好的决策，相当于做几千件好事；做出一个坏的决策，相当于做几千件坏事。所以，当一项政策出台的时候，一定要理解普通人的难处。郑板桥说得好：“衙斋卧听萧萧竹，疑是民间疾苦声。些小吾曹州县吏，一枝一叶总关情。”如果没有人理解这些生活在社会底层的人，他们也就很难理解那些伟大而光荣的事业，毕竟理解是相互的。

我们希望看到越来越多为社会埋头苦干的人，但是前提是社会要照顾好他们的生活。让他们的孩子有学可上，让他们的老人有医可看，让他们的家人有房可栖身。只有做到了这些，社会才算是理解了他们，他们也就不用满大街追着要别人理解自己了。

到底是谁的错？

为什么和有的人在一起时如沐春风？为什么和有的人在一起时如坐针毡？这很大程度上和人与人之间的沟通方式有关。人们在沟通交流的时候，无论是谈论国家大事，还是闲话家长里短，难免会有分歧。如何对待这些分歧，决定了人不同的思维和行为方式，也决定了不同的人际关系。

因为每个人都有各自的视角、各自的利益、各自的观点，所以出现分歧并不奇怪。奇怪的是当出现分歧的时候，大多数人的第一感觉都是自己是对的，别人是错的。会出现这种感觉，和人的自我保护机制有关。毕竟只有少数人能将自己的行为和身份分开，大多数人缺少这种距离感。由于观点和自己的身份相联，只有自己的观点和行为正确，才能维护自己的尊严。

不认错不代表自己不会错。当不同的观点交流和碰撞的时候，是自己对，还是别人对？是应该调整自己的思考角度，还是应该说服别人相信自己？只有解决了这些问题，才能对事情有更深刻的认识，从而建立更融洽的社会关系。

当遇到不同意见或是问题的时候，第一步要做的就是归因于自己。这个世界除了“我”之外，其他的一切都是“外物”。无论是一个人还是一件事，都是“外物”的一种表现形式。当和其他人的观点不一致的时候，我们不要把这种不一致看作是“我”和“他”的不一致，而应看作是“我”和“外物”的不一致。当把不一致的观点看作是某一个人的观点的时候，我们就会产生一种辩论式的心理，那么观点的交流自然就变成了一场论战。论战既无益于对问题的正确认识，更无益于问题的解决。当我们把这种分歧看作是“我”和“外物”的分歧时，就会意识到“外物”是远大于我们自身的视角，这会促使我们重视分析不同的观点，从而推动我们进行自我反思。

孟子是一个勇于自我反思的人：“自反而不缩，虽褐宽博，吾不惴焉；自反而缩，虽千万人，吾往矣。”自我反省而发现正义不在我，那么即使是卑贱的人，也不去恐吓他；自我反省而认为正义在我，即使面对千军万马，也勇往直前。有这样的思维模式，想不成圣人都难。

既然反思是一件好事情，为什么很多人不反思呢？那是因为很多人怕反思后发现自己的错误。因为一旦发现自己的错误，就会损害自己的信心，如果进一步承认自己的错误，就会损害自己的尊严。

一个人，尤其是一个领导者，最应该掌控的人就是自己。面对不同的观点先反思自己，才能够将问题看得透彻、说得明白，也就更有说服力。从历史上来看，很少有人因为反思自己而失败，大多数的错误都是自身过度的傲慢和偏见造成的。

通过归因于自己，我们对问题有了更加全面的认识。如果这个时候想要证明自己依然正确，错在对方的话，我们该怎么做呢？那就要进行第二步，将问题归因于事情本身，而非情感和动机。对方错了就是错了，不是因为对方存心不良。

虽然对方的观点错误，但是他错在对事情的认识，而不是他本身。很多时候我们不能接受对方、理解对方，主要是因为错误地将问题和动机混淆在了一起。就像《智子疑邻》里面的富人，自己的儿子提醒是聪明，邻居提醒就是觊觎。这种把动机高于事实的认识，很容易将观点的分歧变成人和人之间的对立。只有抛开动机谈问题，才能更好地达成一致意见。古之成大事者，几乎都有这样的特点，就事论事，不去追究对方的动机。

如果我们有确切的证据，证明对方的确存在动机不纯的问题，这个时候应该如何应对呢？那就要进行第三步，挖掘动机背后的原因。

王阳明南赣剿匪的时候，抓到了一个盗匪。这个盗匪横得很，一副死猪不怕开水烫的样子，要杀要剐随便。王阳明看得出对方的目的就是想激怒自己。在一般的官员看来，这种冥顽不灵的盗匪拉出去砍了就算了，但是王阳明没有这么做，而是借口天气热请他脱掉外衣。盗匪把外衣脱了，王阳明又劝他把内衣也脱了，当剩下最后一件内裤的时候，盗匪坚决不脱了。这时候王阳明说："你也是有羞耻之心的。"然后分析他并不是十恶不赦，当盗匪是有客观原因的，最终感化了盗匪。

人和人之间的交流就是要这样，多为对方着想，给对方留后路，这样才不会狭路相逢。要想做到这一点必须要有正确的归因方法，那就是，先归因于自己，然后归因于事情本身，最后挖掘动机背后的原因。只有这样，才能建立更好的人际环境，团结更多的人，成就更大的事业。

人和人之间的认同是怎么发生的？

人们或许已经意识到了认同的重要性，但是当人和人之间出现隔阂的时候却不一定知道问题出在哪里。为什么有的人态度忽冷忽热，情绪反复无常？如果你注意观察，就会发现这不是个别现象，大多数人都会这样。同样一个人，有时候同他合作特别容易，有时候他却像个暴君。这不是什么秘密，这就是人性。

士为知己者死，女为悦己者容。人是情感动物，只要实现了相互认同，什么事情都好商量。有些人认识不到这一点，一味地拿权力压人、拿金钱砸人，总有一天权力和金钱会失去效用。只有用建立在认同之上的情感和信任去打动人，才会味如醇酒，久而弥香。

人和人之间的认同是怎么发生的呢？这是一个既简单又复杂的问题。说它简单，认同不过就是身、脑、心的协调，使自己处于一种和谐的状态，先有自我认同，然后再去感知他人，建立联系；说它复杂，认同需要有发自内心的整体感才能建立起来，依靠虚情假意是不会长久的。

当人和人之间要建立认同的时候，不管有什么理由，都要为对方着想，不能将对方置于险地。譬如对方负责看守仓库，你不能要求对方监守自盗。这样的要求别人很难满足，双方很难达成共识，也就很难建立认同。一个人如果提出这样的要求，也就缺乏基本的分寸，只能敬而远之。同理，还有一些大家都要遵循的规则，譬如喝酒不开车，开车不喝酒……总而言之，不要让别人去违反基本的制度要求。此外，还有一些基本的礼仪也要遵守。无论人和人之间关系多么亲密，要想把认同维持住，必须相互尊重。“夫礼，天之经也，地之义也，民之行也。”

行为是最容易被人们看到的。随着年龄的增长，人和人之间的社会地位可能会发生一定的变化，朋友之间要根据这种变化适当地调整相处的模式，注意一下自己的行为方式，这样大家都会舒服一些。

有两个大学同学被分配到一个单位。二十年过去，一个成了局长，一个还在基层。当有同学从外地来聚会的时候，基层的同学总是借机表达一下对局长的不满，弄得局长总是下不来台。虽然大家都知道他是在开玩笑，但是时间长了，两个人就很难坐在一起吃饭了。

“子夏问孝。子曰：‘色难。有事，弟子服其劳；有酒食，先生馔。曾是以为孝乎？’”孔子认为这个世界上凡事都可以勉强，唯有神色、态度不大容易伪装。只有从内心孝敬自己的父母，才会由衷地表现出敬爱和悦的神色、态度。虽然孔子是在讲孝道，其实也是在讲人和人之间的关系。人和人之间的关系要想维持住，需要发自内心地遵守一些基本的礼仪。

当两个人有了共识，也就具备了进一步建立认同的基础，接下来就是要形成一个稳定的关系。大多数人都是俗人，都有自家的柴米油盐需要考虑。在考虑人和人之间的关系的优先级时，共同利益是一个不可忽视的因素。

人们耻于言“利”，但是“利”却是绕不开的话题。经商的人爱说“财散人聚，财聚人散”。不能一方面自己赚大钱，一方面要别人讲奉献，这样的人带队伍最终一定会散伙。不欢而散不是别人太好利益，而是你自己太好利益。如果有人愿意留下来，那这些人不是傻子就是呆子。

除了基本的礼仪和共同利益之外，认同的最高层次就是心灵相通。心灵相通并不是空中楼阁，大多数心灵相通是建立在礼仪和利益的基础上的，缺乏礼仪和利益的支撑，心灵相通是难以建立起来的。哪怕再亲密的关系，也要保持相互尊重，也就是要保持基本的礼仪；哪怕再信任的关系，也要保证共同利益，不能总让对方吃亏。

孔夫子云：“发乎情，止乎礼义。”人和人之间既要有情感的驱动，也要有礼仪的约束，最后需要共同利益的支撑。基本的礼仪、共同利益和情感是人和人相互认同的三条途径，每一条途径都会拉近彼此的关系。如果缺少了其中一条途径，就会使认同出现欠缺。如果你觉得和某个人心灵相通，别忘了保持对他的尊重，同时为他的发展多出谋划策，相信你们会更加认同。

掼蛋拯救了谁？

男人至死是少年，只要他们还有一口气，就想开心地玩耍。古代人生活节奏慢，可以用琴棋书画来消磨时间，陶冶情操。现代人不行，每个人背上都背着一座大山，还要在摇晃的地板上快速前行。当他们有点时间玩耍的时候，琴棋书画已经难以抚慰他们脆弱的神经，他们需要更解压的方式。

好在有掼蛋！它不像琴棋书画需要训练，也不需要麻将那样笨重的设备，更不需要高尔夫那样奢华的消费。只要有一张桌子、四把椅子、两副扑克，四个老男人就可以不吃不喝快乐地干上一天。

掼蛋拯救了中老年男人，把他们从酒桌上拽了回来。在没有掼蛋的日子里，几个老男人可能需要一瓶像样的白酒，才能使他们忘掉生活的烦恼，重拾青春活力。酒精不但在摧毁他们的肝脏，也在摧毁他们的容颜、他们的睡眠，甚至是他们的思维。

和掼蛋相比，酒精失去了它的魔力，从桌上的主角变成了可有可无的配角。与其用喝酒这种杀人一千自损八百的方式去碾压对方的身体，不如用掼蛋潇洒自如地去碾压对方的智商。经常掼蛋的人，肝脏负担越来越小，精神气色越来越好，头脑也变得才思泉涌了。

掼蛋拯救了中老年男人，把他们从衰老中拽了回来。随着岁月的流逝，男人的精力大不如前，信心也随着精力的衰退而丧失。他们经常会独自站在夕阳下，看着精彩的世界，默默回味自己曾经飞扬的青春。他们越是回味就越孤独，越孤独就需要越多的回味。回忆就是中老年人的精神鸦片，他们深陷其中，不能自拔。

自从有了掼蛋就不一样了，每个掼蛋的中老年人似乎又重新找回了青春。每一次抓牌都像在约会的路上，心怦怦地跳。那种期待甚至已经超越了年轻时约会的心情，因为等待他的不是一个人，而是二十七张牌，它们会像魔术一样，变幻出不同的组合。这是一种熟悉的感觉，也是一种久违的感觉，不信你看，每一个正在抓牌的人看上去都是十八岁。

掼蛋拯救了中老年男人，把他们从孤独中拽了回来。“不才明主弃，多病故人疏。”人老了，不可避免地变得孤独起来。那些年轻时的梦想已经不可能实现了，那些为五斗米折腰的话已经不愿再重复了。孤独对中老年男人来说，既是一种选择，也是一种结果。

自从有了掼蛋就不一样了，哪怕自尊心再强的中老年男人，在三缺一的时候，也可以放下身段，主动打电话、发微信给那个他曾经再也不想搭档的牌友。为了掼蛋，老男人们放下了面子，从孤独中走了出来。就像当年胡同口那个三四岁的孩子，为了能有个一起做游戏的伙伴，不惜献出自己心爱的玻璃弹珠。

掼蛋拯救了中老年男人，把他们从麻木中拽了回来。当职场的硝烟逐渐散去，此生的胜负和命运已见分晓。这些老男人大脑中的发条已经松懈，很难有什么事情可以推动它们重新运转。他们习惯于用经验去摆平各种挑战，不会再耗费已经接近枯竭的脑细胞。他们作为一个人还活着，但是大脑已经休眠。

自从有了掼蛋就不一样了，就连那个平时做事稀里马虎的人，抓完牌后也会在那里凝神思考，就好像传国玉玺正捧在自己手中。眼见他们的大脑在飞速运行，一边重新组合着自己的牌，一边观察提防着对手。偶尔有一张牌判断错了，你会看到他的脸迅速变色，那是一种最熟练的粉刷匠也达不到的速度。

当一个中老年男人爱上掼蛋，他就找到了自己的第二春。他不会再把时间放在喝酒上，因为五十三度的酒精比不上五十四张扑克丰富多彩。喝酒带来的眩晕感是模糊的，而掼蛋带来的成就感却是清晰的。在组织牌局的过程中，他们变得非常随和、可爱，只要没有杀父之仇、夺妻之恨，基本都可以作为牌友。对中老年男人来说，这种包容性在现实中是多么的稀缺啊！

在打牌的过程中，他们似乎又回到了当年中流击楫的岁月，精确地计算、冷静地等待、致命地一击、含蓄地微笑，这一刻，他们似乎已经站在了世界之巅。这个时候，体内的多巴胺、内啡肽、血清素……各种能够带来愉悦和幸福感的物质都在不停地喷射，就像节日的烟花在夜空绽放。这时如果有一台仪器去检测他们，会发现他们不只看上去像一个少年，而且内心也是一个百分百的少年。

有一次有幸和一位八十四岁的老男人打牌，连续五六个小时他都是那么专注，似乎忘记了时光，忘记了饥饿，忘记了陪他打牌的牌友小他几十岁，专注地沉浸在掼蛋带来的幸福中。这位曾经不苟言笑的科学家、老领导，为了能够顺上一张牌，总是对上家表现出脉脉含情的样子，就像一个三岁的孩子在讨要爱吃的糖果。

掼蛋自带各种味道，不需要再加入什么调料。对中老年男人而言，他们已经受不了太强烈的刺激，打牌这样的强度恰到好处。人的精力是有限的，当中老年男人爱上了掼蛋，他们基本上就放弃了那些不必要的消费。所以，掼蛋不但拯救了中老年男人，也拯救了他们的钱包。

如果你在商场里、歌厅里、酒场上、球场上看不到中老年男人，那么不用猜，他们很可能正聚集在一起，在某个房间的某个角落，用一百零八张扑克在“作法”，召唤他们一去不回的青春。

成年人怎么读书？

有朋友问我平常读些什么书。经他一问，我仔细回忆了一下，除了前一段区块链流行的时候，补充了一些这方面的知识外，最近几乎没有读过什么新潮的书。平常读的基本上都是旧书，很多书都是翻来覆去读了很多遍了。这半年，断断续续地竟然又读了一遍《三国演义》和《西游记》。

读旧书是我的一个爱好，和我小时候的一段经历有关。小时候学下棋，因为没有人指导，所以就在大街上看别人下棋，慢慢地自己也就会走几步了。学会基本的走法之后，买一副塑料棋子，不停地和小伙伴下，下到没有对手了就找年长一些的人去下。直到有一天，发现自己和任何年龄段的人下棋都不惧怕了，就有点飘飘然，觉得自己成了高手了。

后来上中学的时候遇到了同学小羊，他棋力不俗，尤其是他布局的时候总有一些奇招怪式，令人防不胜防。小羊笑眯眯地跟我说："你的棋都是实战练出来的，野路子，基本功有缺陷，你需要读书。"然后带我去了他家。嚯！他家竟然有一间屋子里面全是书。在他家我才看到了《象棋入门》《围棋入门》这样的书，恍然大悟，原来这玩儿的东西也有人写书，也需要理论指导。

不读不知道，一读吓一跳。原来自己下棋多年总结出来的经验，早就被人白纸黑字写在书里，并且每一步变化都写清楚了。后来看了很多这方面的书，又有了一个新的体会：别看关于下棋的书很多，其实万变不离其宗，所有的变化都在一本《象棋入门》里写清楚了。那些新的书籍中的新变化只不过是一种表象，核心还是那些基本的原则和套路。由此我得出一个结论：读书读根本，读书读原著。一本《道德经》可能有成千上万本注释，一本《资本论》可能有车载斗量的解读，但是它的根和魂只有一个。如果你不去读原著，而是读别人的解读，那就会陷入“曾见郭象注庄子，识者云：却是庄子注郭象”的境地。

有人说：我也想读原著，但是读不懂啊，还是看别人解读一下比较好。其实，如果你觉得读不懂一本书，那说明你的功力还没有达到那个阶段，你的经历还没能给你提供足够的支撑，那最好就先不要读了，总有可以读懂的那一天。就像《倚天屠龙记》里的七伤拳，如果没有神功护体，不仅练不成，还会伤身体。等有一天功力够了再来练，会有事半功倍的效果。

我小学四年级的时候，偶然间看到一本黑格尔的《逻辑学》，也想附庸风雅读一下，结果发现书中每个字自己都认识，组成一个句子后就不知道是什么意思了。这本书在我案头放了好几年，有空就拿起来试着读几页，直到今天我也没有读完前三十页，甚至产生了心理阴影，现在一看见“黑格尔”三个字就觉得困。

回到成年人怎么读书这个问题上，我觉得成年人的优点是经验丰富，缺点是工作忙碌。如果读书是为了消遣，那就读一些快餐式的小说，看看电视剧，甚至上网冲浪都行。如果是想补充一些知识，提高一下思维能力，那还是要读一些系统化的理论书籍，自己学习钻研。

俗话说：彼之砒霜，我之蜜糖。譬如有一位管理大师，乐视红的时候吹捧乐视的生态理论，瑞幸红的时候吹捧瑞幸的闪电战，这样的书看了不如不看，还不如去刷一下抖音、快手。

从中国文化的角度，我经常向愿意了解认同理论的朋友推荐四本书：《论语》、《孙子兵法》、《道德经》和《六祖坛经》，这几本书加起来也不过几万字，值得反复阅读。当然，如果能多拿出些时间来，还可以看看《史记》、《资治通鉴》和《群书治要》，这些书也不难读，都是一个个小故事，但是发人深省。尤其是当自己有了比较丰富的社会经验，回过头再去读这些书的时候，就会形成自己的一些独特认知，不会人云亦云。

中国人不能只看中国人写的书，也需要了解世界。商务印书馆曾经出版过一套汉译世界学术名著丛书，很不错，有时间可以慢慢读一下。可能大多数人不会花那么多时间，也不会有那么大的耐心去全部读完，这里有一个比较简捷的方法，就是去读本科或是研究生的经典教材。想了解经济学的去看看巴克豪斯的《西方经济学史》，这本书基本上把经济学的发展规律讲清楚了，对于不专门从事经济学研究的人，足够用了。同样也可以通过读萨缪尔森的《经济学》、达夫特的《管理学》、罗宾斯的《组织行为学》等，去了解不同的管理思想和流派，以及他们各自的立足点和逻辑。读这些经典教材，远比看一些所谓新知识和新理论更有收获。

随着年龄的增长，我们积累了大量的经验，这些都是塑造自己思维方式和能力的绝好素材。为什么有的人提高得快，有的人提高得慢？原因就在于能否将这些素材用一定的理论框架收纳进去。读名著和经典教材就是这样的一种思路。

初闻不知曲中意，再听已是曲中人。有一些我们年轻时看不懂的东西，随着年龄的增长，给了我们重新认识的机会。读经典就有这样的效果，年轻时我们可能喜欢刘备，成年后我们可能觉得曹操才是真正的英雄。

带着三条线去读书

大家都知道读书需要方法，不能读死书，但是应该怎样去读书呢？最重要的是把握住读书的三条线：作者那条线，自己那条线，逻辑那条线。

从作者那条线来看，每个作者都有自己的写作风格，我们一眼就能分辨出金庸和梁羽生的作品。从自己那条线来看，我们每个人都有自己的思维方式，同样一幅画，有人看到了繁华，有人却看到了沧桑。从逻辑那条线来看，好书都有自己的逻辑，都有自己的因果，读者最终看到的是一种逻辑脉络。

第一条线是站在作者的角度来看，要把自己的思想准确系统地表达出来并不是一件很容易的事情。我们都有过这样的经验，有的事情感觉自己已经想清楚了，但是要把它说明白很难，下笔表达清楚更难。所以，很多智者认为真正的智慧是无法用语言表达出来的。

当我们明白了这个道理，就知道仅仅读懂作者所写的内容是不够的，还要读出内容背后的东西。我们要沿着作者铺设的线索，尽可能地去尝试理解作者的写作目的。当鲁迅写《阿Q正传》的时候，他绝不是因为真的想起了这个人，觉得阿Q很有趣，值得纪念，而是要通过这个人来展现当时国人的精神和思想状态。因此，小说中阿Q进场的顺序，先是他的名字和背景，然后是他和其他人的社会关系，再后面是他的爱情和生机，最后通过一场革命将他纳入一个更加宏大的历史背景中，并糊里糊涂地送了命。

这样的一种写法与其说是在写阿Q，不如说是在写当时的时代背景下底层人民的命运。当站在作者的时代背景下，从作者的角度去读书的时候，我们才能真正明白作者的用意。只有这样，我们才能从阿Q身上看到自己的影子，才能通过阿Q的命运去预测自己的命运，才能从悲剧的结局看到挣扎的方向。

当我们读中国现代文学的时候，很容易就能看出哪一部作品是新中国成立前创作的，哪一部作品是改革开放后创作的，哪一部作品是为了表达思想的，哪一部作品是为了骗流量的。这并不是因为我们的眼力有多么高，而是时代的影响力过于强大。一个时代风靡一时的作品，在后人看来不过是平庸之作，这是人的局限性，不是作品的局限性。

第二条线是站在自己的角度去读。站在作者的角度去读是精读，是真正用心去读，但是我并不太建议用这样的方式去读，太累了。我更喜欢站在自己的角度去读，游离于书外去读，沿着自己的思路去读。好书不是要我们沉浸其中，而是能够使我们超然物外。

当我们读到孙悟空三打白骨精的时候不是感到义愤填膺，而是想起了自己曾经有一个漂亮的女同学，自从中学毕业后再也没有见过面了。当我们读到悉达多为渴慕乐困惑的时候，不是为其耽误修行而着急，而是想起自己当年的荒唐岁月和那些匆匆而过的美好。站在自己的角度去读，与其说是在读书，不如说是在读己。

人需要自我反思，读书就是这样一个机会。当我们看到一件事、一段话的时候，能够唤起我们对自己的反思，就像在镜子里看到了自己，虽然是匆匆一瞥，但也能看到自己的狼狈、窘迫、不安和愧疚。

读书最好的感觉是像在读诗，它是朦胧的，也是具体的；它是微观的，也是宏观的；它是别人的，也是自己的。有时候虽然在读一本书，但是思绪却已经跑得很遥远，这种遥远恰恰就是离书更近的一条路。一个人会不会读书，最重要的就是能不能产生这种读诗的感觉，否则就是读死书。

第三条线是带着逻辑去读。不管是沿着作者的思路去读，还是沿着自己的思路去读，当我们掩卷沉思的时候，最终还是沿着逻辑的思路去读。金圣叹为什么把《水浒传》的结局定在梁山大聚义？因为他觉得这样才能从逻辑上讲清楚梁山好汉的初心。当梁山好汉接受招安，再去剿灭自己曾经的同行时，我们已经很难去解释他们当年替天行道的逻辑。当这些所谓好汉被招安后，他们的命运已经不能被自己掌握，他们已经不能绽放天罡星、地煞星的光芒，只能作为一种工具，去接受自己无法预知的命运。

和《水浒传》逻辑上的混乱不同，四大名著其他几本书的逻辑是清晰的。《西游记》的逻辑是修行是艰难的，是一场脱胎换骨之旅，无论是吴承恩还是我们自己，都需要去接受生命之旅的考验。《红楼梦》的逻辑是一切不过是过眼云烟，所有的荣华富贵不过是历史的尘埃，曹雪芹的心和我们的心一样，都是拔凉拔凉的。《三国演义》的逻辑是天下大势分久必合，合久必分，只有顺应时代发展趋势的人才能活得长久。

当能从一本书里面读出逻辑的时候，我们就更能把握住作者的思想，也更能够做出自己的联想。作者的线、自己的线、逻辑的线，这三条线并不是并行的，我们一开始往往要沿着作者的线走，慢慢进入到自己的线，再到逻辑的线。读书的时候不要怕走神，不要怕看得慢，书不过是我们思维的一根拐杖，只要思维能够自己往前走，拐杖本身并不重要。

自己才是最好的老师

七年前，朋友的孩子高中毕业，没有考上国内合适的学校，朋友准备送孩子出国读书，但孩子不愿意出国，感觉出国就是崇洋媚外。于是，朋友找到我，让我帮他想办法，我建议先让孩子读一个国内的预科班适应一下。孩子上课后感觉还不错，一年后同意去美国读书了。

第二年春节回老家遇到朋友，问起孩子的事情，朋友又有些苦恼，说："孩子说打算不回中国了，你说咋办呢？"我说："不着急，等等看。"又过了半年，朋友给我打电话，说："我来北京接孩子，有没有时间一起吃饭？"我问："孩子怎么回来了？"朋友说："孩子觉得美国乱七八糟的，并不是什么都好，所以就回来了。"

后来朋友见面一个劲儿地夸自己的孩子，夸孩子会洗衣服了，会做饭了，甚至过春节的时候还在宿舍自己包饺子吃。要知道这孩子从小就不爱吃饺子，他妈妈劝着才吃两三个。一个人离开故乡，胃比心都想家，所以很多时候都是家长在瞎操心。

孩子原来喜欢追潮流，专门从外地来北京参加新潮人士的产品发布会，现在好像对这些都不感兴趣了。读研究生后回国探亲，经常一个人在家编程，像是变了一个人。现在朋友更加疑惑了，问我："孩子是不是学傻了？"我说："没傻，他是知道向自己学习了。"

每天早上我从家里走到办公室，都要与清华附小的学生和家长相向而行。在与他们擦肩而过的时候，常常看到谆谆教诲的父母和漫不经心的孩子。父母恨不能把他们所有的知识和人生经验都传授给孩子，但他们忘记了自己是如何获得这些人生经验的。

我们自身的知识和人生经验，有听别人教导得来的吗？有，但是很少，更多还是自己学习和思考的沉淀。不论别人提醒多少次不要碰火，都不如不小心被烫到那么刻骨铭心。自己掉到坑里得来的教训，比一万句"路上小心"的嘱咐来得管用。

孩子在成长的过程中，总有这样那样的偏离时刻。这时候你只需要远远地看着他，只要没有不可逆转的危险，就支持他去探索更广阔的世界，然后提醒他做的每一个决定都要为自己负责。既然总有一天孩子要为自己负责，那就让这个时刻早一点到来。

教育是所有学科里面被误解得最严重的，尤其是现代教育，仅仅把教育当成了知识的传授，以为有个专业学位就可以当老师。古人都知道老师肩负着“传道、授业、解惑”的职责，我们却把教育简化成了知识的学习。有了这种简化，老师就成了一个工匠化的职业，并非所有老师都能体会到教育的真谛是“授人以渔”而不是“授人以鱼”。

所有的教育都应该聚焦一件事情——唤醒。一个人只要被唤醒，无论他的出身如何，都可以成就大的事业。从小游手好闲的刘亭长，被唤醒以后成了汉高祖；寄人篱下的私生子，被唤醒以后成了大将军。

有的人非常负责任，很多事情怕孩子听不懂或是听不进去，就反复地说，最终把孩子的逆反心理激发出来，导致了南辕北辙的结果。什么叫会说话？会说话就是会站在孩子的角度说话，而不是站在自己的角度。因为你说话的目的是让孩子听进去，而不是让自己过瘾。有人说这太难了，怎么站在孩子的角度说话？有一个很简单的窍门，就是做到孩子不向你提问，你就不要给孩子讲道理。这样做并不是不负责任，因为每个人自己就是最好的老师，既然你走不进他的心里，那就让他把心拿到你面前来。

有人说，每个人心中都有一个圣人。很多时候这个圣人之所以没有出现，是因为自己没有学会当自己的老师。如果能认识到自己就是最好的老师，那么自己就会承担起老师的责任，对自己的成长负责。可惜的是，我们的教育把孩子的成长归于家长的责任、老师的责任和社会的责任，唯独没有自己的责任，这是我们对教育最大的误解。

学过哲学的人都知道苏格拉底问答法，就是在和对方的交流中，经过一连串的提问，使对方的回答出现矛盾，然后再加以反驳和提醒，或是指出对方的荒谬之处，或是正面阐述自己的观点。交流中，苏格拉底只负责提出问题，激发对方不断思考，找到正确答案，并自己表述出来，最后找到真理之路。和西方不同，中国重在自己反思，曾子的“吾日三省吾身”，就是讲自己向自己学习的方法。

自己是最好的老师，可以为自己选择要学习的内容。一个瓶子什么都没有装，那就只是一个空瓶子。当一个瓶子装进了油，别人就不再说那是一个瓶子，而是一瓶油。如果装进了水，就变成了一瓶水。人也是如此，最初都是空的，之所以后来变成了不同的人，是因为装进了不同的东西。有的人装的东西有用，有的人装的东西无用；有的人装的东西多，有的人装的东西少，这要看自己的选择。学会自己去选择，去接纳，远比有一个外部的老师重要。

老子云:“天下皆知美之为美，斯恶已；皆知善之为善，斯不善已。有无相生，难易相成，长短相形，高下相倾，音声相和，前后相随，恒也。是以圣人处无为之事，行不言之教。”一个好的老师，就是让人学会自己去教育自己，这是最大的功德。

人生会有很多转折，这些转折最重要的不是外部的变化，而是我们内心如何去看待和适应这些变化。当一个人遇到内在转折的关键时期，不是需要其他人的教育，而是需要时间和空间去蜕变，去寻找认同。因为别人所有的建议都是二手信息，只有自己才能掌握自己内心的密码。

只有认同才不孤独

悉尼的老周原来有一个看似幸福的家庭，夫人聪慧能干，女儿伶俐可爱。突然有一段时间没见到老周，问周围的人才知道，老周回湖北了。据说老周因为悉尼的工作不顺心，自己去珀斯闯荡了一段时间，回来就离婚了。离婚的时候，因为生活费的问题，女儿也和他疏远了。老周觉得在国外待着很不舒服，于是放弃了十几年的打拼回国了。开始，周围还有人议论老周，慢慢地，连他的老婆孩子聚会时都不再提他，老周就这样蒸发了。一点都不奇怪，大家都挺忙的。且不说老周这样一位平凡人，就算曾经众星捧月的达官，一旦退位，也是门前冷落鞍马稀。

有位特别优秀的朋友，在一家单位的关键岗位工作，因为和领导有点冲突，决定辞职。他觉得自己一旦辞职，这个单位必然会变得混乱，甚至幻想着领导可能会跪求自己回去。令他惊讶的是，单位不但没有变得混乱，而且因为他辞职空出了位置，提拔了几个年轻人，大家的工作热情更高了。和原先的同事吃饭，原来附和自己一起批评领导的声音也听不见了。于是，这个朋友一气之下断绝了和原单位的一切联系。其实他知道，这样做没有任何意义。

在这个世界上，无论是家人还是同事，大家都希望能够和谐相处，但人本质是孤独的。不要说那些穷困潦倒的失败者，就是做了君王，一样是称孤道寡。虽然有的人发挥的作用大一些，有的人发挥的作用小一些，但从根本上说地球离了谁都转。过分高估自己的价值，就会错误地处理自己和周围人的关系，反而会降低自己的价值。

小时候受了委屈，总想死了算了，让得罪我的人都在我的尸体边上后悔。那时候自己想象出来的场景特别感人，只不过没有胆量去死。现在想想，如果当时死了的话，父母肯定会伤心，其他人未必。一个人出生的时候是孤独的，不知道将要面对什么样的世界。一个人离开世界的时候也是孤独的，不会有人随自己而去。

人生舞台的出场和落幕都是孤独的，那么是不是在舞台上的过程会好一些呢？现实的答案也是未必。人间的爱恨情仇往往不是发生在陌生人之间，而是发生在亲人、朋友、同僚之间，往往是前一刻如胶似漆，后一刻兵戎相见。当然，更多的时候是擦肩而过，偶尔才会想起，自己的生命中曾经和某人相识又分离，但这也没有什么意义。

这个世界上如果没有认同，每个人的确是一个人在战斗！虽然和父母子女有着一定的血缘关系，虽然和伴侣有着共同的生活经历，虽然和兄弟朋友有着浓烈的感情，虽然和同事伙伴有着共同的利益，但是别人是别人，自己就是自己。

在深夜，没有人知道你辗转难眠；在冰冷的街头，没有人看见你疲惫的身影。主席台上你谈笑风生、挥斥方遒，办公室里你却青灯黄卷、绞尽脑汁；酒桌上你推杯换盏、八面玲珑，洗手间里你却头晕目眩、翻江倒海。即便这些自己难以承受，也没有人可以分担。真正的伤痛你不能告诉父母，因为怕他们为你担心忧虑；真正的愤怒你不能痛斥同事，因为怕他们离心离德；真正的无助你不能展现给子女，因为你是他们心中的依靠；真正的困难你不能求助于朋友，因为怕他们无情地拒绝。

在人生初期，我们享受着家人的呵护、朋友的真情。随着年龄的增长，我们不得不面对一个残酷的现实，那就是只有自己才是自身所有负担的承受者。历史上，有的人在希望破灭之后选择主动离开这个世界，有的人在蒙冤之后被动离开这个世界。他们都无法获知后人对他们的评价，虽然这个评价对他们来说已经没有什么实际意义。

靠山山倒，靠水水枯，这个世界本来就没有什么凭借。每个人都像是行走在钢丝上的杂技艺人，依靠一根无形的绳索维持着自己的平衡。希望越大，失望越大；用情越深，受伤越深。早一天明白自己是一个人在战斗，就早一天知道该用什么样的方式来对待世界。

因为是一个人在战斗，所以需要建立认同，和周围建立更加牢固的关系。认同了自己，一个人就变成了三个人，身体、大脑和心灵三者就能实现自我协调。如果能将三者进一步扩大，就能获得更多人的认同，就会有认同的组织和社会一起战斗。

首先是自我认同。一个人无论对组织和社会做了多大的贡献，如果自己不认同自己的所作所为，那么这些贡献也就失去了意义。基于自我的认同不是自私，而是真正对自己、他人和社会负责，难以想象一个对自己都不负责任的人能够对别人负责，对社会负责。

其次是组织认同。既然有了自我认同，就要选择符合自己价值理念的事业去奋斗。只有这样才不会为个人外在的得失而忧虑，也不会因为别人的进退而犹豫。一旦选择了前进的方向，就能够承受各种冷嘲热讽、刀枪棍棒、成败荣辱。

最后是社会认同。人生于尘土，终归于尘土。在经济上遵循市场之道，得之有道，失之无悔；在做人上，遵循文化传统，人敬我一尺，我敬人一丈。如果能做到这些，就不会是一个人在战斗，肯定会有很多人和自己一起战斗，因为“德不孤，必有邻”。

认同的十个要点

认同作为一种认识自己和社会的方法，需要在实践中长期应用和提升。在这个过程中，记住认同的要点会收到事半功倍的效果。这里提炼出认同的十个要点，希望能够帮助大家加深对认同的认识。

第一个要点：能够意识到自己是三个部分的组合。

人们在日常生活中之所以会感到混沌、困惑，很大程度上是因为很难清醒地认识自己。如果认识不到自我的运行机制，自然会糊里糊涂的，被“外物”迷惑。一个人就像一面镜子，连自己都模糊不清的话，怎么能够照亮“外物”呢？

要想认清自己，就要知道自己的身体是怎样运行的。身体是我们存在的物质基础，如果身体是硬件的话，大脑的思维就是我们的软件，它决定着我们能否有逻辑、有条理地行为。内心的意愿是我们存在的意义和根源，如果没有内心指引人生，我们的奋斗就失去了目标。

当一个人内心有了动力，无论他聪明还是愚笨，都会殚精竭虑地去思考、计划。这些都是在内心的驱使下完成的，欲望越强烈，思维和计划就会越周密。

一个人的思维能力越强，执行和落实内在欲望的准确性就越高，所以我们可以从一个人的思维能力来判断他的发展潜力。

行为是所有欲望和思维的落脚点。人们只能通过行为来显示自己的欲望和思维，别人也只能通过行为来认识我们。

第二个要点：三个部分要形成合力。

每个人都具有身、脑、心三个部分，但是三者要形成合力，必须通过一定的循环来实现。在正常情况下，我们的生活遵循由心出发，经过大脑，最后落实到行为上的循环规律。无论是有意识还是无意识，人们行为的起点是内在的欲望，如果一个人失去了欲望，也就失去了动力。

身、脑、心三者越是统一，就越能够把自己的动力和能力结合起来，就具有更强的竞争力和执行力。由内心到大脑再到身体的行为，这是一个正循环。相反，当人们遇到危机或是挫折的时候，就会思考自己行为的得失，然后倒推自己在哪些思路上出了问题，甚至挖掘到自己内心的出发点，从而调节自己的欲望。无论是达官贵人，还是贩夫走卒，都要通过这种方式来修炼自己。这个过程就是逆循环，也就是我们经常说的反思。

正循环使我们能够保持良好的行动力；逆循环使我们警醒，弥补自己的短板。正循环是一种常态，逆循环是一种特殊时期的应对状态，但是这种应对状态决定了正循环的质量。

第三个要点：真、善、美是内在的基石。

人的三个部分遵循着三种不同的标准，大脑遵循真，内心遵循善，身体遵循美，一个人脑、心、身三个部分的组合就是真、善、美的组合。

内心的善使我们能够善待亲人和朋友，也能对同类甚至万物产生同情心和同理心，这是人类越来越好的原动力。如果没有善的指引，人类社会就会缺乏黏合力，陷入竞争和对抗当中，无法形成整体。

思维的真是我们认识自己和世界的基石，如果没有对真实、真诚和真理的追求，我们就会欺骗别人甚至欺骗自己。要知道，自己所看到和听到的只是真相的一部分，不要对事情妄下结论，要从多个角度看问题。

身体的行为讲求美，也就是外在的秩序感。要将自己的行为和外界环境相统一，不要轻易去打乱已有的秩序。

一个人的内在冲突往往不是善恶、真假和美丑的冲突，而是真、善、美的冲突。三者往往很难获得统一，这就导致内在很难实现平衡，也就容易产生内耗。

第四个要点：建立自我认同。

一个人的内在不能统一会导致内耗，影响到一个人的自我认同。因此，要想建立自我认同，需要实现身、脑、心的统一。为了解决这个问题，王阳明提出知行合一，也就是身体的行为要来源于内在的良知，内在的良知也要落实到身体的行为上。要实现身、脑、心的统一，单纯知行合一还不够，还需要大脑的反思检验，只有对知行合一的结果进行检验，才能得到经过检验的良知。也就是说，要建立自我认同，需要从知行合一到反思检验，再到形成经过检验的良知。只有经过三者的循环，才会真正建立自我认同。

第五个要点：组织三要素。

人不是独立存在于社会的个体，而是在一定的组织中生存的群体。组织用制度来规范人的行为，用结构来塑造人的思维，用价值理念来影响人的意愿。组织通过制度、结构和价值理念三个要素，实现对人的规范和引导。

组织三要素的标准和人的标准是一致的，制度强调美，也就是遵守秩序；结构强调真，也就是尊重客观规律；价值理念强调善，要能够促进人和人之间的信任。

第六个要点：建立组织认同。

组织也需要建立认同，一个组织通过自己的价值理念形成组织目标，然后在目标的指引下通过组织结构制订战略和计划，最后通过组织制度落实到具体的工作中，这是一个正向循环的过程。

反过来，当组织出现问题的时候，就要从组织的制度入手，寻找出现了什么样的问题，然后调整组织结构，已经在岗位上的人员，要反思是否与组织的价值理念相背离。这样一个过程是逆向循环，用来解决组织所面临的问题。

在一个运行良好的组织里面，人们的自我认同和组织认同是一致的。组织运行顺畅的时候，个人也会实现正循环；组织运行不畅的时候，个人就会展开反思。如果一个组织不能做到循环有序，组织内的人自然也就很难实现自我认同。

第七个要点：社会三要素。

像个人和组织一样，社会也存在三个要素，就是政治、经济和文化。其中政治对应着身体的行为，规范着人们的行动；经济对应着大脑的思维，决定着人们的经济利益；文化对应着内心的意愿，决定着社会的整体走向。

像个人一样，社会也需要遵循真、善、美的标准。政治追求的是美，即社会秩序，这是社会的底线，一个失去秩序的社会是最危险的。经济追求的是真，即经济发展的客观规律，如果违背了客观规律，就会受到惩罚。文化追求的是善，即社会和谐，惩恶扬善是每一个社会必须要坚持的追求。

第八个要点：建立社会认同。

一个社会的文化是整个社会运行的根基，没有人可以脱离文化环境而存在。社会正循环是从社会的文化出发，通过经济发展，实现政治上的有序行动。一个社会的文化往往和政治体制是统一的，不同的文化背景会产生不同的制度模式，否则就会出现水土不服的情况。

按照马克思主义的观点，生产力决定生产关系，而生产关系反作用于生产力。当政治、文化协调的时候，能够促进经济持续发展；而经济持续发展也会促进文化进步和社会秩序完善。政治、经济和文化三个要素和谐统一，形成社会认同。

第九个要点：认同是个人、组织和社会的统一。

在一个和谐的社会环境中，组织可以得到一个良好的发展环境，也可以为个人提供更多的发展机会，实现个人的自我认同。反之，一个人在自我认同的状态下，更容易发挥自身的价值，为组织发展做出贡献，从而推动社会进步。

我们很难说是个人改变了社会，还是社会改变了个人，但是我们相信个人、组织和社会之间存在着相互影响、相互促进的关系。因此，我们要相信自我认同的力量，用自我认同去推动组织认同和社会认同。

第十个要点：世界是一个整体。

世界就是一颗钻石，既有硬度，又有光泽。它之所以璀璨，是因为在真、善、美的指引下，实现了个人、组织和社会的统一。

个人作为世界的一员，应该提高自己的整体意识，既要追求美好的个人生活，也要肩负起建立人类命运共同体的使命。

后记：大家说认同

感谢北京出版集团宗大勇先生、刘仑先生给予本书的宝贵建议，感谢北京出版集团刘扬先生、曲丹女士及我的同事谢多丽、丁禹民等的支持和帮助，使本书能够顺利出版。

每次认同书院有文章发表，都会有很多院友留言，或是发表自己的真知灼见，或是表示对书院的支持，当然也有很多院友提出了中肯的建议。无论说了什么，都是表达对书院的认同。毕竟在一个注意力稀缺的时代，能够给予关注就是最大的支持！

书院征集、选取了部分院友的留言，这些留言从不同的角度表达了对书院的支持，在这里表示衷心的感谢！

1.最近有幸拜读了刘辉教授的《认同》，非常震撼，所阐述的认同理论让我耳目一新。人一生中除了身体健康、思维创新，更重要的是我们的意愿应贴近生活，不断升华。我从医数十年，现代医学的发展表现在医疗理念的创新上，把心理、生理、精神和社会因素综合考虑，提出具有针对性的个性化的科学治疗方案，取得最佳疗效。而认同理论把人的身体、大脑和心灵三体的关系做了很深刻的分析，有助于人们保持健康身体的同时，思维上也要培养世界眼光、战略思维及更大格局，完善自己的世界观和方法论，丰富由内到外的整体意识。认同理论所述的人之三体和我们医学的理论具有相通性，既尊重了个体，同时又把思维提升到了新高度，从意愿上把这些整合起来付之于行动。这也正是跨界创新的精髓所在！作者基于多年研究探索，关注人文科学的新发展，做出深思熟虑的总结，值得一读，是不可多得的社科读本。——蔡国斌（中国人民政治协商会议全国委员会委员，中国和平统一促进会理事，台湾民主自治同盟中央委员会社会服务部部长，协和医科大学医学博士、整形外科教授）

2.为善，为真，即是美。——赵立军

3.用身体感受生活之美好，珍惜得到之不易；用大脑思考人生之真谛，拨开眼前之迷雾；用心灵去守护人性之善意，追求世界之大同。认同，既是个人修炼之法，也是处世经营之方，更是经世治国之道。读刘辉老师《认同》有感。——孔军（中车四方车辆研究所董事长）

4.人皆处于社会关系之中，认同伴随着整个人生历程。刘辉先生以“传道不授器”的认同理论，论今说古，把传统文化之古义与现实生活之世相相映照，微言大义，探究人生之真、善、美。读《认同》，修“知止”。——韩秀桃（北京理工大学法学院教授、博士生导师，中华全国律师协会原秘书长）

5.自工业文明以来，人类不断强化学科边界以加深专业性。但以此思维方式来探索、观测世界时，不可避免会带上人的主观因素，因为现实世界是不分层次的。所以就更需要不分层次的知识，更需要从跨界创新的角度来重新设定认知框架。刘辉老师多年从事跨界创新的理论和实践工作，以认同理论为基础，构建了跨界创新的应用实践方法论。刘老师的认同理论更注重社会生活中的热点现象，从现象中挖掘内在的思维认知框架，比如《掼蛋拯救了谁?》等，让人在愉快的阅读中更有深刻的体会。同时，在当今经济调整周期、企业经营面临困局的情势下，认同理论和实践对于企业家凝聚共识、增强企业韧性也具有现实的指导意义。——董哲（中关村跨界创新联盟秘书长）

6.认同是人类社会未来的法则。如果在未来社会还信奉丛林法则，人类将会迎来自身的终结。认同书院在做一件影响人类命运的事情。——李立峰

7.作为普通人，认同书院为我打开了一扇认识人生的窗。

我们可能无法决定自己的命运，可是我们要有辨别真、善、美的能力，有包容世界的胸怀。——凤凰

8.篇篇是精品，章章是力作。文字里，跳动的是人间的温暖，闪烁的是真理的思考，可以感受到有些道理就在身边，有些思路指引在前。不一样的认同书院，不一样的心灵感悟。期待，未来生活因有你而更精彩。——华唯（天津市滨海新区投资促进中心）

9.几年来，我一直关注书院的文章，每篇必读，深受启发与教育，对我的工作和生活有很大帮助，日渐成为不可或缺的精神食粮。希望以后书院越办越好，希冀更多优秀作品问世。——王建

10.认同书院的意义在于，以抱团取暖的方式把分散的个体意识汇集起来，凝聚成整体共识。正所谓越团结，越温暖，认同书院的存在在当今社会显得尤为珍贵。——隋昊良（山东省青岛市李沧区委宣传部）

11.在刘辉的认同理论中，提出了十个要点来帮助我们理解认同的重要性。首先，他强调了能够意识到自己是三个部分的组合，包括身体、大脑和心灵。只有当我们清楚自己存在的意义和根源时，才能更好地行为。其次，他指出身、脑、心要形成合力，通过循环来实现内外的统一。此外，他还强调了

真、善、美是内在的基石，以及自我认同的提升方式。最后，他提到了组织和社会的三要素，以及它们之间的循环关系。总的来说，这些要点提醒我们要认识到自己与外部环境的关系，并通过建立内在的认同来应对可能的危机。——赵卫华（《科技日报》）

12.认同一定是在“己所不欲，勿施于人”的基础上做出的选择。“白鹭立雪，愚人看鹭，聪者观雪，智者见白。”不同的人，处境不同，立场不同，观点自然也不同。多共识，不求融合；多联动，不求目的。认同的核心是落地落实；认同的差距，不在辩论，不在角度新奇。落地，便是真正的智慧。更是鼓励你超越自己，做一件事情就落实一件事情，尤其是那些特别不起眼的事情。——黄亚平（国科火炬孵化研究中心）

13.读了刘辉老师的文章《认同的十个要点》，如醍醐灌顶，让我瞬间认清了自己。我们每个人都是三个部分，身体、大脑和心灵的组合。身体是一切行为的物质基础，是行为的载体；大脑是行为的指挥中枢，决定怎么做；心灵决定了要不要行为，做什么。它们分别对应了美、真、善！三者完全统一，我们才会有更大的提升。如果三者不能统一，那么真是第一位的，也就是要尊重客观规律。——王洪涛（北京中兴瑞普科技有限公司）

14.《认同》通过深入浅出的剖析和富有洞见的观点，成功开启了我对世界观、方法论深层次的学习之旅，使我深受启发并得以从多元视角审视生活与世界，感谢认同理论！未来希望能和作者一起在智慧的碰撞中找寻人生坐标，塑造独特的精神世界。——侯洋（哈尔滨工业大学）

15.我本人是在2019年左右开始关注刘辉老师的认同书院的。当时不太明白，为什么书院会起这个名字。后来才知道刘老师的高明——跨界的最高境界是高手之间的认同。这几年看到刘老师时不时在认同书院发表一些别人所没有的关于学术、社会、政治等方面的观点，非常客观、实用！一晃几年过去了，希望新的一年能继续跟着刘老师学习新知识、拓展新领域！——张丹［北大时代国际教育科技（北京）有限公司］

16.在这个文字、图片和视频充塞网络的世界里，我关注了刘辉老师的认同书院公众号，因而得以通过阅读刘老师的文章，实现精神上的连接和交流。我觉得刘老师在恪守着一些东西并借此发光发热，照亮周围的人，那就是认同。——张登印（北京智鼎管理咨询有限公司）

17.在认同书院运营六年多的时间里，我的读书习惯养成也有六年了。这并非巧合，正是书院的每一篇文章激发了我的认知需求，赋予了我求知的力量。这种坚定的“认同”力量，

让我与书院紧密相连。——李伟

18.《认同》，诚如其本意，打开了沟通理解半掩的门，道理通俗易懂，语言朴实平和，是提升境界、抚慰心灵的杂谈类文章，让世界充满阳光，让人充满爱意。——白水

19.因为认同，我们可以喜欢自己，同时也不去讨厌那些不同于我们的人。我们可以从他人那里学习，并尊重他们的文化，但同时也在自己的传统中茁壮成长。认同书院讲道理的方式是典型的循循善诱，娓娓道来，不急不忙，恰到好处。文如其人，也如认同主题，从开放包容中寻求接纳与认同。——杜尚仪

20.三分自己，原来也是一种认同。看来，我对认同的理解还是弱了些。——申延广

21.从认同理论的角度讲，领导的最高境界是不知有之。——厚土

22.倾听内心的声音，了解自己的需求，找到正确的认同方向。只有将理论付诸实践，才能真正领悟大智慧。——郝东帆

23.我们读书时提倡五讲四美、德智体美劳全面发展。现在我觉得缺少“真、善、美”的宣传，需要更多积极向上的正能量的引导，但也不能太虚假。——黄大妮

24.刘老师的文章深刻犀利！让我静一静，定一定。静能生慧，勤能补拙。做点从历史的长河来看有价值的工作才是正道！——景向红

25.认同，是精神层面上的一种合作。——刘雁

26.周期的运行遵循真，人性遵循善和美，周期和人性的斗争就是真、善、美协调的过程。——林琳

27.海内存知己，天涯若比邻！认同书院让我有了认识，更有了认同！伴随你我，共同成长！——莫里

28.认同本是自己对世界的看法，内心有的自然就会在外面的世界看到相应的。之所以产生不认同，是内在的自我不能得到统一而分裂，让自己的精神产生了矛盾，由此投射到外界就是不幸福。因此，幸福的核心就是认同。——马亻亍

29.当今社会，纷繁复杂的事物已经让人很难静下心来，思考人生、研究社会……每次品读着书院的文章，在认同的同时也为作者原汁原味的高产作品所叹服。——宁静致远

30.身、脑、心，分别代表物质能量信息的三个方面。三极一因，允执厥中。——秋水明真滕医生

31.从本书可以清楚地看到，认同理论源自东方文化。——sharky

32.作者老师实在人。文章实在不弄玄虚，读者静下心来

读，都能读懂。——王飞飞

33.刘辉老师构建的“认同”宇宙，有个人身体、大脑、心灵的自转，围绕组织中制度、结构、价值理念的公转，再到社会政治、经济、文化环环相扣，以真、善、美为引力平稳运行。“世界就是一颗钻石”，你的角度决定了它折射出怎样的光彩。——文杰

34.上有政策下有对策的原因在于不认同。——徐静

35.刘辉老师总是能用辩证的思维分析问题。有幸听过一次刘老师的课，真的是受益匪浅。刘老师温和谦逊，解决问题就像春风化雨，润物无声！感谢刘老师！——猪小胖

36.拜读认同书院的文章，看到的是作者自己的体会、感悟以及多年工作的积淀！通俗易懂，并且充满了智慧。虽然有些自己不懂或者现在做不到，但是已经成为自己为人处世的目标和毕生努力的方向！感谢分享。——赵雷明

37.读了很多刘老师的文章，吸收了很多营养，没想到这么接地气，充满了生活的滋味。我在发呆，在思考，因为我也回到了小时候，和各种活物在一起。——紫气东来